Colección

La protección de las personas consumidoras vulnerables con discapacidad frente a la brecha digital

CERMI

COMITÉ ESPAÑOL
DE REPRESENTANTES
DE PERSONAS
CON DISCAPACIDAD

ediciones
cinca

Colección

NÚMERO: 88

DIRECTOR: Luis Cayo Pérez Bueno

Elaborado con el apoyo de:

PRIMERA EDICIÓN: julio, 2024

© DEL TEXTO: Gloria Esperanza Álvarez Ramírez, 2024
© DE ESTA EDICIÓN: CERMI, 2024
© ILUSTRACIÓN DE CUBIERTA: David de la Fuente Coello, 2024

DISEÑO DE LA COLECCIÓN:
Juan Vidaurre

PRODUCCIÓN EDITORIAL,
COORDINACIÓN TÉCNICA
E IMPRESIÓN:
Grupo Editorial Cinca, S.A.
c/ General Ibáñez Íbero, 5A
28003 Madrid
Tel.: 91 553 22 72.
grupoeditorial@edicionescinca.com
www.edicionescinca.com

DEPÓSITO LEGAL: M-15694-2024
ISBN: 978-84-10167-21-6

El PDF accesible y el EPUB de esta obra están disponibles a través del siguiente código QR:

La protección de las personas consumidoras vulnerables con discapacidad frente a la brecha digital

Gloria Esperanza Álvarez Ramírez

Doctora en Derecho

Experta en Derecho de la Discapacidad

COMITÉ ESPAÑOL
DE REPRESENTANTES
DE PERSONAS
CON DISCAPACIDAD

ediciones
cinca

ÍNDICE

PRÓLOGO

Una de las preocupaciones fundamentales de la Organización de Consumidores y Usuarios (OCU) es proteger de forma adecuada y eficaz los derechos de los consumidores, en especial los derechos de los consumidores vulnerables.

En OCU estamos muy orgullosos de haber contribuido a la inclusión en la Ley General de Defensa de los Consumidores de la figura del consumidor vulnerable, que frente al usuario medio necesita una protección reforzada para garantizar de forma igualitaria sus derechos como consumidor. La transición hacia una sociedad plenamente digitalizada es hoy por hoy uno de los ejes de nuestro trabajo en defensa de los consumidores. Nuestro objetivo es que TODOS sin excepción podamos acceder a las ventajas que ofrece para los consumidores la digitalización del acceso a bienes y servicios y a la vez minimizar los riesgos que este proceso puede plantear a la sociedad en su conjunto.

Las personas con discapacidad se encuentran entre los consumidores vulnerables que se pueden ver relegados y excluidos por la digitalización, puesto que sus dificultades de acceso, uso y aprovechamiento son mayores debido a las distintas barreras tecnológicas que hoy existen para ellos. Por eso OCU, como principal organización de consumidores, ha buscado la colaboración del

CERMI, la principal organización de personas con discapacidad, para aunar sus esfuerzos y trabajar juntos en reducir la brecha digital a la que se enfrenta los consumidores con discapacidad.

Uno de los resultados de esa colaboración es este estudio con el que queremos poner en evidencia esos problemas, pero también aportar desde nuestro punto de vista diferentes medidas y soluciones para conseguir reducir esa brecha digital que hoy afecta a las personas con discapacidad y con ello facilitar un acceso equitativo a las tecnologías. Mediante esta alianza pretendemos llevar a cabo diferentes acciones que van desde la investigación, la concienciación, la incidencia, la defensa de derechos y la lucha contra cualquier forma de discriminación en el uso de tecnologías por parte de las personas con discapacidad, prestando especial atención al enfoque de género, y combatiendo la discriminación en el acceso y uso de tecnologías por parte de mujeres y niñas con discapacidad, madres y cuidadoras de personas con discapacidad.

Miguel Ángel Feito
Presidente de OCU

INTRODUCCIÓN

Los recursos tecnológicos son un bien social imprescindible para mejorar las condiciones y la calidad de vida de las personas con discapacidad y para el ejercicio de sus derechos. Sin embargo, existen diferencias entre esta población y aquella que no tiene discapacidad, en cuanto al acceso a las tecnologías, su uso y aprovechamiento. Estas diferencias conforman la denominada brecha digital y constituye una forma de pobreza y exclusión social, con gran capacidad para ampliar los desequilibrios preexistentes que sufre la población con discapacidad en términos económicos, sociales y de acceso efectivo a derechos.

Factores injustos, de naturaleza diversa, compleja e interdependiente determinan la brecha digital entre las personas con discapacidad y agudizan su vulnerabilidad. La desigualdad tecnológica se corrige con inclusión digital, cuyo objetivo es conseguir que ninguna persona —especialmente, aquellas que, como esta población, se encuentran en situación de vulnerabilidad— se quede fuera de un mundo que ofrece innumerables posibilidades.

Asegurar la inclusión digital de la ciudadanía con discapacidad resulta fundamental no solo para reducir la brecha de desigualdad tecnológica que afronta esta población. También, se trata de un tema de desarrollo sostenible, pues la inclusión tecnológica contribuye directamente a la consecución de una sociedad digital más justa y equitativa. Pero, sobre todo, la inclusión digital es

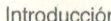

un asunto de derechos humanos porque está indivisible e interdependientemente vinculada a la protección y disfrute de los derechos de las personas
con discapacidad como consumidoras en el entorno digital.

El presente estudio se enmarca dentro de un compromiso de colaboración
entre el Comité Español de Representantes de Personas con Discapacidad,
CERMI, y la Organización de Consumidores y Usuarios, OCU, para realizar
actividades dirigidas a acortar la brecha digital y asegurar un acceso equitativo
a la tecnología para todas las personas con discapacidad. La investigación
proporciona un análisis del fenómeno de la brecha digital entre las personas
consumidoras con discapacidad, y define propuestas y recomendaciones para
su reducción, a fin de avanzar hacia un escenario de consumo inclusivo y sostenible. Para ello, el documento se divide en tres capítulos. Inicialmente, se
realiza una aproximación a dos ejes del estudio: el consumo y la discapacidad.
El segundo capítulo identifica y analiza las dimensiones y factores determinantes de la brecha digital entre las personas con discapacidad y los impactos
en sus derechos fundamentales y en sus derechos digitales. El último capítulo
ofrece un catálogo de medidas para mejorar la inclusión digital de este grupo
social.

CAPÍTULO I. CONSUMO Y DISCAPACIDAD

1. Sociedades de consumo y grupos sociales diferenciados.
2. Las personas con discapacidad en España, rasgos básicos.
   - Análisis cuantitativo a partir de la EDAD
   - Riesgo de pobreza y exclusión.
   - Sobrecoste económico asociado a la discapacidad.
   - Empleo.
   - Acceso a derechos.
   - Relaciones personales y sociales.
   - Violencia.
   - Capacitismo.

3. Las personas con discapacidad como consumidores vulnerables.
   - Comprender la vulnerabilidad.
   - El impacto de la vulnerabilidad.
   - La vulnerabilidad en las personas con discapacidad.

4. La posición jurídica de las personas con discapacidad en el ámbito del consumo. Análisis normativo.
   - Los Tratados Internacionales y otros instrumentos de Naciones Unidas.

o La Convención Internacional sobre los Derechos de las Personas con Discapacidad.

o La Convención para la Eliminación de la Discriminación contra la Mujer, CEDAW.

o La Convención sobre los Derechos del Niño.

o La Agenda de Desarrollo Sostenible 2030.

o Directrices de Naciones Unidas para la protección del consumidor.

- Legislación europea.
- Legislación española.

5. Sociología del consumo de las personas con discapacidad.

---

1. Sociedades de consumo y grupos sociales diferenciados

El término *sociedad de consumo* fue acuñado después de la Segunda Guerra Mundial con la expansión del comercio mundial. Sirvió para describir el comportamiento de las sociedades occidentales, orientado hacia el consumo como principal modo de vida.

La sociedad de consumo encontró su cénit con la invención de los medios de comunicación de masas (radio, televisión, prensa) y el desarrollo de modernas técnicas publicitarias y de mercadeo basadas en la persuasión. Aunque, fue la aparición de Internet y las tecnologías digitales las que desencadenaron un consumo informativo frenético y las que permitieron que los patrones de consumo de la sociedad occidental se extendieran al resto del mundo.

Para cuando la expresión sociedad de consumo adquiere una perspectiva global, la idea de consumo ya había evolucionado. Las cuestiones que rodean la noción contemporánea de consumo exceden su clásica definición técnica donde el producto es capaz de servir de utilidad al consumidor. El consumo se transforma en un fenómeno socioeconómico complejo en el que las personas consumen bienes y servicios por razones que van más allá de su valor de uso básico. Las fuerzas que impulsan el motor del consumo no refieren, incluso en ocasiones, se alejan de su natural, simple y originaria acepción. El acto de consumir no se reduce a un mero proceso económico y utilitarista, sino que se piensa en él como un proceso cultural cargado de significación que asigna identidades y realidades a los sujetos.

Esta dinámica genera que se confundan necesidades con deseos y, en algunos casos, que consumos no imprescindibles se conviertan en demandas culturalmente condicionadas. Es decir, la demanda y presión social generan una mente de consumo colectiva, toda vez que el consumidor no es un ser aislado, sino que se encuentra inmerso y condicionado socialmente.

La aparición del movimiento consumista en las economías de mercado planteó la necesidad de adoptar medidas en sentido estricto en torno a una política de defensa de los consumidores. En un principio, esta protección era más bien incidental como consecuencia de reglar la actividad comercial e impedir la aplicación de prácticas comerciales desleales. No obstante, la idea de identificar al consumidor como un grupo social diferenciado y brindarle protección especial empezó a ganar fuerza a partir de los años sesenta del pasado siglo, cuando se multiplicaron las normas que reconocieron al consumidor entidad como grupo económico y asumieron la defensa de sus derechos. Con esta nueva perspectiva del consumidor se busca trascender la relación contractual clásica, fundada en la igualdad formal de los sujetos negociales reguladas por los códigos civiles decimonónicos cuyo eje suponía relaciones contractuales entre iguales[1]. Se pasa a relaciones de consumo

---

[1] Pese a que las sociedades de todos los tiempos han padecido problemáticas relativas al consumo, la tutela jurídica de los consumidores ha acontecido en nuestra contemporaneidad. Los Códigos Civiles decimonónicos no aluden ni a consumidores ni a usuarios, sino a partes contratantes (Rojo Gallego-Burín, 2021:1).

mediadas por el mercado, respecto de las cuales el Estado debe intervenir en favor del eslabón más débil, el consumidor, pudiendo regular a través de normas y políticas públicas los derechos, obligaciones y alcances de los actores económicos involucrados en las relaciones de consumo.

En la búsqueda por lograr la igualdad del consumidor se detecta la existencia de ciertos grupos de consumidores con demandas y necesidades diferentes del promedio del mercado, y con un mayor grado de exposición a la vulnerabilidad en determinadas situaciones. El interés por el comportamiento de estos grupos surge a partir del discernimiento de que el consumo se fundamenta en una variedad de factores que exceden al control del mercado, como, por ejemplo, aspectos biofísicos (edad, deficiencias físicas, mentales...), aspectos psicosociales (estigma y representaciones sociales y culturales) que afectan la vida cotidiana de los consumidores y generan vulnerabilidad.

La imagen unívoca que se tiene del comportamiento del consumidor y el valor simbólico de la experiencia de compra se agrieta debido a la diversidad y complejidad de los consumidores que pueden cambiar la óptica del consumo conforme a sus particularidades. Asimismo, la lógica económica hacia el consumo como una satisfacción casi instantánea en aquel que consume se quiebra al comprobarse que frecuentemente está restringida y hasta prohibida para algunos grupos que no tienen los medios, oportunidades y garantías para ejercer este derecho en condiciones de igualdad. En este sentido, las prácticas de consumo reproducen las desigualdades sociales, y es a partir del reconocimiento de esta injustificada desigualdad que emerge la protección específica para estos grupos con el fin de que ejerzan sus derechos plenos como consumidores y usuarios, y para protegerles de abusos y vulneraciones a los que son más proclives.

La protección de estos grupos de consumidores se ha visto reforzada con la idea del consumo responsable como palanca para la transición hacia sociedades más sostenibles e inclusivas y su vinculación con los Objetivos de

Desarrollo Sostenible (ODS) de la Agenda 2030 que visibiliza a los diversos grupos de personas consumidoras vulnerables. Entre las variables que enriquecen esta idea destaca el deber que tienen los Estados de fomentar el consumo sostenible que conecte con el ejercicio de la ciudadanía (con el desarrollo económico y social). Dicho de otro modo, además del crecimiento económico, el crecimiento social, justo y equitativo es indispensable para alcanzar una verdadera sostenibilidad. Por tanto, el consumo sostenible necesariamente ha de ser inclusivo para acortar la brecha de desigualdad y contribuir a la reducción de las vulnerabilidades estructurales.

La naturaleza heterogénea y la dependencia del contexto de la vulnerabilidad y la desventaja hacen que las diferencias entre los grupos de consumidores deban considerarse en términos de factores sociales, demográficos, de comportamiento, personales y de mercado. Las personas mayores, niños y niñas, las mujeres, las minorías étnicas o lingüísticas, así como las personas con discapacidad, destacan como grupos sociales que requieren una atención específica y diferenciada.

2. Las personas con discapacidad en España, rasgos básicos

Análisis cuantitativo a partir de la EDAD

La Encuesta de Discapacidad, Autonomía Personal y situaciones de Dependencia (EDAD) es la fuente estadística más completa y representativa en España sobre discapacidad en la actualidad. Trata de dar respuesta a la demanda de información sobre las personas con discapacidad en España y uno de sus objetivos es proporcionar una base de datos para la planificación de políticas destinadas a este colectivo.

La Encuesta se ha realizado en dos etapas: en primer lugar, en 2020, se realizó la encuesta dirigida a la población residente en hogares y en una segunda etapa, durante 2023, se realizó la encuesta dirigida a personas residentes en centros (residencias de mayores, centros de discapacidad, hospitales de larga estancia y viviendas tuteladas).

Según la estimación de la EDAD Hogares 2020, un total de 4,38 millones de personas residentes en domicilios familiares (9,5 % de la población en España) afirmaron tener algún tipo de discapacidad. Respecto a los datos que proporcionó la anterior encuesta de discapacidad, realizada en 2008, la población de personas con discapacidad residente en domicilios familiares se ha incrementado en unas 536 mil personas, mientras que la tasa específica de discapacidad lo ha hecho en un 9,4 por mil (OED, Informe Olivenza 2022:61).

La discapacidad en la población española se focaliza en las mujeres y en las personas de edad avanzada. Del total de personas con discapacidad que registra la EDAD Hogares 2020, el 59,9 % son mayores de 65 años (el 20 % supera los 84 años). La proporción que suponen las personas mayores de 65 años sobre el total de las personas con discapacidad es significativamente más alta en el caso de las mujeres (65,9 %) que en el de los varones (51,5 %). No obstante, según los datos del INE, los grupos de edad en los que más se ha incrementado la tasa de discapacidad desde 2008 son las edades jóvenes e infantiles entre 6 y 24 años (OED, Informe Olivenza 2022: 71).

Según la encuesta, en 3,86 millones de hogares españoles (el 20,5 por cien del total de hogares existentes en nuestro país) vive al menos una persona con discapacidad. Se debe destacar que hay casi 1,13 millones de hogares que están formados por una persona con discapacidad que vive sola y más de 267 mil hogares que están formados por dos o más personas con discapacidad sin otros convivientes. A diferencia del conjunto de los hogares españoles, en los que el tipo de hogar más frecuente es el constituido por una pareja con hijos conviviendo en el hogar, en los hogares en los que viven personas con discapacidad el tipo de hogar más frecuente es el unipersonal. Casi tres de cada diez hogares en los que viven personas con discapacidad son hogares unipersonales (OED, Informe Olivenza 2022:67).

Los hogares en los que residen personas con discapacidad tienen peor equipamiento que el resto de los hogares en lo que respecta a ordenador personal, acceso a internet, tabletas o similares, teléfono móvil, calefacción, aire acondicionado, automóvil, lavavajillas y microondas (OED, Informe Olivenza 2022:69).

Por su parte, la EDAD Centros 2023 señala que en este año un total de 357.894 personas residentes en centros (94,7 de cada 100 residentes) afirmaron tener alguna discapacidad. Por edad, el 65,0 % del colectivo con discapacidad en centros tenía 80 o más años, el 20,0 % tenía entre 65 y 79 años y el 15,0 % tenía entre 6 y 64 años. El 65,1 % de las personas con discapacidad residentes en centros eran mujeres y el 34,9 % hombres (INE, EDAD 2023:1, nota de prensa, 20 de abril de 2024).

Las discapacidades más frecuentes estaban relacionadas con actividades básicas de la vida diaria. El 88,6 % de las personas con discapacidad tenía problemas de cuidado personal, el 86,9 % con la vida doméstica y el 86,2 % dificultades importantes de movilidad hombres (INE, EDAD 2023:2, nota de prensa, 20 de abril de 2024).

En cuanto a sus relaciones sociales, el 67,6 % de las personas con discapacidad que residían en centros recibía visitas o mantenía reuniones con familiares o amigos al menos una vez por semana y el 49,2 % mantenía contacto por teléfono, redes sociales o correo, al menos una vez por semana. Por su parte, el 3,7 % no se reunía con familiares y el 33,9 % no utilizaba medios de comunicación. El 28,4 % de las personas de 80 y más años recibían visitas casi todos los días, frente al 10,3 % de las menores de 65. El 74,2 % de las personas con discapacidad consideraba adecuado el contacto con familiares, amigos o conocidos, el 19,4 % lo consideraba insuficiente y el 1,7 % no tenía contacto hombres (INE, EDAD 2023:4, nota de prensa, 20 de abril de 2024).

Riesgo de pobreza y exclusión

El estudio de la Red Europea de Lucha contra la Pobreza y la Exclusión Social (EAPN-ES) (2023) *«13 Informe El Estado de la Pobreza en España. Seguimiento de los indicadores de la Agenda UE 2030. 2015-2022»* señala que las personas con discapacidad soportan un riesgo de pobreza y/o exclusión mucho más elevada que aquellas que no tienen discapacidad. Esto no es una cuestión coyuntural, sino que muestra una situación de riesgo de pobreza estructural (EAPN-ES, 2023:11-12).

Según el informe, la tasa de pobreza entre las personas con discapacidad se incrementó notablemente hasta el 2020, momento más intenso, por las consecuencias de la COVID-19. Con posterioridad esta tasa de pobreza se redujo de una manera intensa, en especial, según se apunta, se «ha conseguido eliminar en los dos últimos años casi la totalidad del incremento acumulado en los últimos cinco.» (EAPN-ES, 2023:15). Sin embargo, y pese a esta mejora, el 27 % de las personas con discapacidad experimenta dificultades o muchas dificultades para llegar a fin de mes. La diferencia es de algo más de siete puntos porcentuales con respecto a las personas sin discapacidad (18,8 %). Además, el 41 % no puede afrontar unos gastos imprevistos de, al menos, 800 € (32,1 % entre las personas sin discapacidad) (EAPN-ES, 2023:16).

Además de la dimensión económica, aspectos relacionados con el acceso a derechos, los vínculos personales y sociales, así como los sesgos negativos y las suposiciones inexactas sobre la experiencia de vivir con discapacidad, se entretejen y crean impactos negativos que obstaculizan la inclusión de esta población.

El Sistema de Indicadores del Observatorio Estatal de la Discapacidad sobre Inclusión Social de las Personas con Discapacidad 2022, advierte que de los 25 indicadores calculados (distribuidos en tres ejes de exclusión: económico, político y social —ciudadanía— y relaciones sociales) en los que es posible comparar los datos referidos a personas con discapacidad con los de la población general, en 20 las personas con discapacidad presentan una situación más desfavorable que la población general. (OED, Informe Olivenza 2022: 115).

Sobrecoste económico asociado a la discapacidad

Diversos estudios documentan los mayores gastos asociados a la discapacidad por la necesidad de servicios, apoyos y dedicación necesaria para desenvolverse en la vida cotidiana. A estos gastos extraordinarios corresponde añadir el coste de oportunidad por la mayor dedicación de tiempo de las familias en las que convive alguna persona con discapacidad. Considerados conjuntamente estos gastos son designados como los sobrecostes o sobresfuerzo económico de la discapacidad.

Estos costes suplementarios que se derivan de la situación de discapacidad imponen a la población con discapacidad un agravio económico comparativo, con un efecto discriminatorio, arbitrario e injusto respecto a las personas sin discapacidad (Jiménez y Huete, 2011: 12), porque les dificulta aprovechar las oportunidades económicas, así como alcanzar un nivel de vida y de participación social similar a la del resto de población.

Empleo

Los indicadores vinculados al empleo muestran notables diferencias entre la población general y las personas con discapacidad. El Informe ODISMET 2023 refleja el complicado contexto laboral al que se enfrenta la población con discapacidad:

- La tasa de actividad entre las personas con discapacidad se sitúa en el 34,6 %, mientras que entre personas sin discapacidad alcanza el 77,7 %.

- La tasa de empleo de las personas con discapacidad (26,9 %) dista significativamente de la de la población general, que se sitúa en el 66,3 %, estableciéndose así una diferencia de 39,4 puntos porcentuales. Tan solo una de cuatro personas con discapacidad tiene empleo.
- Los datos de paro advierten que la población con discapacidad tiene una tasa de 22,5 %, mientras que en la población general la tasa de paro es 14,7 %.
- La precariedad se hace más patente en los grupos más vulnerables. Las mujeres con discapacidad son objeto de una discriminación interseccional que condiciona significativamente su acceso al empleo y sus condiciones laborales.

Acceso a derechos

La población con discapacidad se enfrenta a barreras en el acceso a bienes, servicios, recursos, apoyos, protección y defensa de sus derechos en los diversos ámbitos vitales.

Educación

Las personas con discapacidad presentan sistemáticamente un nivel de estudios inferior al total de la población española (Real Patronato sobre Discapacidad, 2023:307).

- En la categoría de estudios básicos e inferior (que incluye a los que no saben leer ni escribir, estudios primarios incompletos, estudios primarios o equivalentes y educación secundaria obligatoria de primera etapa) hay una diferencia de prácticamente un 28 % entre ambos colectivos.

- En los estudios secundarios (Bachillerato y FP de grado medio) ocurre lo mismo, aunque la diferencia es sustantivamente menor (8,5 %).

- En los estudios superiores (FP superior o estudios universitarios o equivalentes), la diferencia es de un 19,5 %.

Salud

En los resultados de salud existen diferencias entre las personas con discapacidad y las personas sin discapacidad, que se pueden apreciar en tres indicadores de salud: mortalidad, morbilidad y funcionamiento. Las personas con discapacidad mueren antes, tienen peor salud y experimentan más limitaciones en las actividades diarias que la población sin discapacidad. Debido a factores sociales injustos y evitables, esta población sufre diversas inequidades en este ámbito. Se enfrentan, por ejemplo, a barreras en el acceso a bienes, servicios, recursos y apoyos del sistema de salud, lo cual repercute sobre las condiciones personales que determinan la evolución de la discapacidad (OED, Informe Equidad y Derecho a la Salud y a la Asistencia Sanitaria de las Personas con Discapacidad. Situación España, 2023:7).

Vivienda

Muchas personas con discapacidad se encuentran en situación de vulnerabilidad residencial. Parque de vivienda antiguo, con escasa eficiencia energética, dificultades para rehabilitar su vivienda o problemas de accesibilidad son algunos problemas asociados con el estado de la vivienda (PROVIVIENDA, 2019:41-42).

- Una cuarta parte de los hogares vulnerables con discapacidad manifiesta que su situación residencial influye mucho en su calidad de vida y su salud (8,5 puntos porcentuales más que el conjunto de hogares vulnerables) y que la vivienda no adaptada es un freno a la inclusión.

- La falta de accesibilidad de la vivienda sigue siendo una cuestión ignorada. El 70 % de los inmuebles de España de propiedad horizontal son inaccesibles, lo que supone que 100 mil personas con discapacidad y mayores con problemas de movilidad sigan estando presas en sus viviendas (CERMI, 2023: 7).

Derechos políticos

Las personas con discapacidad es una población con limitada influencia cívica ya que sigue encontrando barreras para su participación política y ciudadana. Los datos destacan que su tasa de participación en elecciones o su afiliación a organizaciones ciudadanas es del 19,2 % frente al 21,9 % de la población general (OED, Informe Olivenza 2022:116).

Relaciones personales y sociales

La soledad no deseada y el aislamiento se han convertido en un problema de salud pública. Tienen un impacto desmedido en las personas con discapacidad que se agudiza en las fases de envejecimiento (CERMI, 2023:169). Asimismo, las personas con discapacidad intelectual y grandes necesidades de apoyo tienen dificultades para relacionarse con otras personas (62 % de las entrevistadas) o no tienen ningún amigo o amiga (38 %) (Plena Inclusión, 2017:142). Otro segmento de población con discapacidad especialmente propenso a experimentar situaciones de aislamiento y soledad son quienes residen en zonas rurales, en particular, las mujeres con discapacidad: el 86 % de las personas con discapacidad que reside en zonas rurales encuentra barreras para salir de casa y el 90 % encuentra barreras para la actividad de ocio (OED, Informe Las personas con discapacidad residentes en el Medio Rural: situación y propuestas de acción 2017:42).

Violencia

Las personas con discapacidad también sufren vulnerabilidad ante la violencia en todas sus formas.

- Las personas con discapacidad tienen 1,5 veces mayor riesgo de sufrir violencia que las personas sin discapacidad, siendo tales riesgos mayores para las personas con discapacidad intelectual o del desarrollo (OMS, 2022:80).

- La violencia de todo tipo se recrudece en las mujeres, niños y niñas con discapacidad que pueden ser víctimas de violencia física y explotación sexual, de violencia emocional y psicológica a través de abusos y humillaciones, de su confinamiento y de prácticas tradicionales dañinas como la esterilización o la mutilación genital femenina (CERMI, 2023: 67).

- La violencia a la que están expuestas las mujeres no es una violencia episódica, sino estructural, pues se da a lo largo del ciclo vital y en diferentes contextos (CERMI Mujeres, 2022:105).

Capacitismo

El capacitismo se entiende como un sistema de opresión que sobrevalora y favorece ciertas características típicas del cuerpo y mente como esenciales para vivir una vida de valor. En este sentido, el capacitismo considera que la discapacidad es una condición devaluada y cataloga a las personas con discapacidad como inferiores. Los sesgos negativos y las suposiciones inexactas sobre la experiencia de vivir con discapacidad están profundamente arraigadas en la sociedad. (Álvarez Ramírez, 2023:10).

Estas ideas y creencias impactan de manera intensa en la formación do conceptos, la percepción, el juicio y la acción, socavando los derechos de las personas con discapacidad en todos los ámbitos de su vida, incluido el consumo.

3. Las personas con discapacidad como consumidores vulnerables

Comprender la vulnerabilidad

Es necesario precisar que más que consumidores vulnerables se debe hablar de consumidores en situación de vulnerabilidad, ya que la vulnerabilidad no es una característica, sino un estado o riesgo al que se enfrenta una persona o grupo. Existen factores económicos, sociodemográficos, situaciones personales, factores relacionados con el mercado que pueden causar o aumentar la probabilidad de vulnerabilidad. En tal sentido, no existen personas intrínsecamente vulnerables, sino que se encuentran en situaciones vulnerables impuestas.

Habitualmente, se ha considerado que los consumidores y usuarios se encuentran en una situación de vulnerabilidad frente a los proveedores de bienes y servicios, en virtud de un desequilibrio estructural en el poder de negociación. Sin perjuicio de ello, actualmente se reconoce la existencia de una categoría de sujetos consumidores que, además de esa debilidad propia a la relación jurídica de consumo, se encuentran en condiciones de desigualdad que los coloca en una situación de vulnerabilidad agravada.

La legislación española sobre los derechos del consumidor identifica esta categoría que requiere especial protección y la vincula de forma directa con la proyección de los derechos fundamentales a las relaciones de consumo. Personas con discapacidad, mayores, mujeres, niños, niñas y adolescentes, entre otros, forman parte de los grupos que pueden encontrarse en una particular situación de vulnerabilidad. Para estos consumidores y, en el marco de la relación de consumo, la dignidad, el trato equitativo, el derecho a la libertad, el derecho de participación, el derecho a la igualdad y no discriminación deben ser especialmente garantizados.

Insistir en el matiz de que la vulnerabilidad no es consustancial a la persona sino el resultado de las barreras del entorno en lo que a las personas con discapacidad se refiere, resulta esencial, puesto que, permite realizar una aplicación coherente, coordinada y simultánea de las normas, principios e instituciones del derecho del consumidor con los principios y disposiciones que recoge la Convención Internacional sobre los Derechos de las Personas con Discapacidad.

Interpretada a la luz del tratado internacional la protección de las personas con discapacidad en el ámbito de consumo adquiere dos dimensiones. En primer lugar, significa prestar especial atención a la diferencia de la discapacidad y dar una respuesta positiva a esa diferencia. Esto tiene consecuencias claras para el marco de protección de los consumidores y usuarios. Las leyes, políticas y prácticas comerciales deben centrarse en la forma en que se concibe y diseña el sistema para hacer frente a las barreras que afronta la población con discapacidad en este contexto. En segundo lugar, significa integrar la agenda de la protección del consumidor en situación de vulnerabilidad en una agenda más amplia de inclusión y participación social.

El impacto de la vulnerabilidad

La vulnerabilidad ocasiona una mayor exposición a riesgos de resultados negativos en las relaciones de consumo. Sus impactos son muchos y de variado tipo. Perjuicios económicos, menor capacidad de proteger los propios intereses, dificultad para obtener o asimilar información, ser más susceptible a determinadas prácticas de marketing, mayor dificultad para comprar, elegir o acceder a productos adecuados (European Commision, 2016). Así que la vulnerabilidad es multidimensional y afecta a las personas de diferentes maneras, pudiendo reflejarse más en algunas dimensiones, pero no en otras.

Además, puede ocurrir que dentro de un grupo considerado vulnerable haya sujetos que puedan sufrir vulneración de derechos como consumidor y otros que no la sufren o la padecen en menor intensidad, lo que marca una diferencia a pesar de que ambos pertenecen a ese grupo.

Al considerar los impactos es importante señalar que son interactivos en el sentido de que un impacto en una dimensión puede contribuir a un efecto en otra. Ejemplos de impactos potenciales negativos que abarcan múltiples dimensiones de vulnerabilidad incluyen consumidores que pagan un precio más alto por un bien o servicio que no pagarían de otro modo, y consumidores que obtienen un bien o servicio que no es de su interés ya que no se ajustan a sus necesidades o no es un bien o servicio que necesitan o planean comprar. En ambos casos, los consumidores enfrentan pérdidas financieras y un menor bienestar como resultado de obtener un bien o servicio que no querían o que no se adapta a sus necesidades.

Frecuentemente, la vulnerabilidad tiene un efecto de carácter transversal sectorial. Es posible que quien no puede pagar las cuotas hipotecarias, deje de pagar el recibo de la luz, el préstamo de consumo o no pueda tener acceso a internet por no disponer de un ordenador.

Asimismo, la convergencia de dos o más condiciones de vulnerabilidad conlleva la probabilidad de que la persona sufra mayores impactos que disminuyan su más elemental bienestar. La discapacidad, la edad, el género, residir en zona rural, entre otras, son variables que cuando confluyen conllevan un aumento de la vulnerabilidad del consumidor.

La vulnerabilidad en las personas con discapacidad

Los datos sobre los rasgos básicos de las personas con discapacidad que se han expuesto dan cuenta de las desigualdades que esta población presenta con respecto a la población general debido a las barreras del entorno. Es un grupo social que afronta con más asiduidad desequilibrios en cuanto a capacidad económica, acceso a derechos, relaciones sociales y capacitismo. Este marco multidimensional de pobreza y exclusión social es la premisa de partida para entender por qué las personas con discapacidad entran en la categoría de personas consumidoras en situación de vulnerabilidad.

La pobreza, la falta de acceso a educación y oportunidades laborales, el soportar gastos extraordinarios derivados de la situación de discapacidad, sus acotados vínculos sociales o el estigma y rechazo, son realidades con las que las personas con discapacidad conviven todos los días. Todas estas formas de exclusión impactan en el proceso y relaciones de consumo de bienes y servicios en igualdad de garantías y condiciones para su participación activa como el resto de ciudadanos. Así pues, la experiencia de vulnerabilidad en el consumo es una realidad para las personas con discapacidad, pero ello no significa que lo deseen o que deba ser un estado permanente.

Adicionalmente, cuando se trata de este grupo social debe atenderse a dos aspectos fundamentales sobre su vulnerabilidad. Primero: debe tenerse en cuenta que solo porque una persona tenga discapacidad que la ubica en la clase de consumidores con una protección reforzada, no significa que sea necesariamente vulnerable en todas las situaciones. Segundo: dentro de esta población, y debido a la propia diversidad de la discapacidad, algunas personas son más susceptibles a la vulnerabilidad en determinadas situaciones de consumo, mientras que otras podrían serlo en menor grado.

4. La posición jurídica de las personas con discapacidad en el ámbito del consumo. Análisis normativo

Los Tratados Internacionales y otros instrumentos de Naciones Unidas

La Convención Internacional sobre los Derechos de las Personas con Discapacidad

La Convención Internacional sobre los Derechos de las Personas con Discapacidad (en adelante CDPD)[2] es el tratado internacional de derechos hu-

---

[2] La CDPD fue aprobada el 13 de diciembre de 2006 mediante Resolución 61/106 de las Naciones Unidas.

manos que ha marcado un cambio de paradigma al plantear la discapacidad desde una perspectiva de derechos. La CDPD, más su Protocolo Facultativo, ha sido firmada y ratificada por España[3], por lo que desde el 3 de mayo de 2008 se integra en el ordenamiento jurídico español y sus principios, valores y mandatos deben estar incorporados en la legislación y en las políticas públicas.

El enfoque de derechos que incorpora la CDPD supone que las personas con discapacidad son auténticos sujetos plenos y activos de derechos, y que es indispensable eliminar las barreras a su inclusión y participación en la sociedad. El tratado hace hincapié en la discriminación estructural y sistemática que enfrentan estas personas, y aclara las obligaciones jurídicas de los Estados de promover el respeto de su dignidad y proteger y asegurar el goce, en condiciones de igualdad, de todos sus derechos y libertades fundamentales.

La CDPD define ciertos principios como la dignidad, la accesibilidad, la inclusión, la participación, la no discriminación y la igualdad de oportunidades en la medida en que se aplican a las personas con discapacidad para garantizar que puedan disfrutar de sus derechos y libertades en todos los ámbitos vitales.

De modo que la reformulación de la discapacidad que hace la CDPD también orienta y afecta a la esfera de las relaciones de consumo. Esto significa que los marcos legales de consumo, así como la acción política y las prácticas en este ámbito, deben adaptarse al tratado internacional para hacerlos sensibles a la situación, derechos y necesidades específicas de las personas con discapacidad.

---

[3] Instrumento de Ratificación de la Convención Internacional sobre los Derechos de las Personas con Discapacidad. BOE núm. 96, de 21 de abril de 2008.

La Convención para la Eliminación de la Discriminación contra la Mujer, CEDAW

La Convención sobre la Eliminación de Todas las Formas de Discriminación Contra la Mujer (CEDAW por sus siglas en inglés)[4] es el instrumento internacional vinculante más amplio y progresista sobre los derechos humanos de todas las mujeres y niñas. La CEDAW, fue ratificada por España en 1984, comprometiéndose con ello a desarrollar y aplicar sus disposiciones.

De conformidad con los artículos 2 y 3 de la CEDAW, los Estados parte condenan la discriminación contra la mujer en todas sus formas; y tienen la obligación de tomar en todas las esferas las medidas apropiadas para asegurar el pleno desarrollo y adelanto de la mujer, con el objeto de garantizarle el ejercicio y el goce de los derechos humanos y las libertades fundamentales en igualdad de condiciones con el hombre. En materia de consumo, ello encuentra un correlato directo con el principio antidiscriminatorio que se solapa con la garantía de la igualdad y trato equitativo en las relaciones de consumo.

Si bien el tratado no menciona expresamente a las mujeres y niñas con discapacidad, la Recomendación General 18 del Comité para la Eliminación de la Discriminación contra la Mujer[5] destaca que las mujeres con discapacidad son doblemente marginadas y reconoce la escasez de datos al respecto; y también exhorta a los Estados parte a proporcionar esta información en sus informes periódicos y garantizar la participación de las mujeres y niñas con discapacidad en todas las áreas de la vida social y cultural.

---

[4] La CEDAW fue aprobada por la Asamblea General de las Naciones Unidas en su Resolución 34/180, el 18 de diciembre de 1979.

[5] El Comité para la Eliminación de la Discriminación contra la Mujer es el órgano de expertos independientes que supervisa la aplicación de la Convención sobre la eliminación de todas las formas de discriminación contra la mujer.

Como en muchos ámbitos de la vida, el consumo puede ser otro contexto que, lejos de ser igualitario, reproduce la desigualdad de género. Para las mujeres y niñas con discapacidad esta brecha se ahonda, por lo que todo el elenco de postulados que comprende la CEDAW debe aplicarse con el fin de respetar, proteger y hacer efectivo el derecho al consumo de la población femenina con discapacidad en igualdad con los hombres.

La Convención sobre los Derechos del Niño

Los derechos de la infancia están plenamente estipulados en la Convención sobre los Derechos del Niño[6], ratificada por España el 30 de noviembre de 1990 para incorporar en nuestra normativa el reconocimiento de las niñas y niños como sujetos de derechos, creativos y participativos, capaces de modificar y de influir en su entorno, siendo un compromiso del Estado impulsar las condiciones para hacer efectiva su participación en la vida social en todas sus dimensiones.

Los derechos de la infancia pueden ejercerse a través del consumo. Son muchos los ámbitos del consumo en los que la infancia está muy presente. Nuevas tecnologías, juguetes, videojuegos, uso de internet y todo tipo de compras tienen una relación directa con el consumidor infantil. Proteger a las niñas y niños para asegurar que disfruten de su infancia en medio de las profundas y rápidas transformaciones de la vida social ha promovido una nueva perspectiva de avance del cumplimiento de los derechos de la infancia consagrados en la Convención sobre los Derechos del Niño.

El interés superior del niño, principio cardinal de la Convención, sobre el cual debe basarse toda normatividad que regule cualquier tema relacionado con la infancia, debe evaluarse adecuadamente en el contexto del consumo.

---

[6] La Convención sobre los Derechos del Niño fue aprobada por la Asamblea General de las Naciones Unidas en su resolución 44/25, el 20 de noviembre de 1989.

Los Estados parte deben cerciorarse de que, en todas las actuaciones relativas al suministro, la regulación, el diseño, la gestión y la utilización de productos, el interés superior de todos los niños, niñas y adolescentes sea una consideración primordial.

La Observación General 9 del Comité de los Derechos del Niño[7] interpreta la Convención sobre los Derechos del Niño con respecto a los derechos de los niños y niñas con discapacidad. Esta Observación reconoce que «los niños con discapacidad son más vulnerables a todo tipo de abusos, sea mental, física o sexual en todos los entornos () con frecuencia se repite el dato de que los niños con discapacidad tienen cinco veces más probabilidades de ser víctimas de abusos» (Comité de los Derechos del Niño, 2006, párr. 42). Acorde con esta realidad, la Observación busca ofrecer orientación y asistencia a los Estados en sus esfuerzos por hacer efectivos los derechos de los niños con discapacidad de una forma general que abarque todas las disposiciones de la Convención.

La Agenda de Desarrollo Sostenible 2030

La Agenda 2030 para el Desarrollo Sostenible, aprobada en septiembre de 2015 por la Asamblea General de las Naciones Unidas, es un plan de acción mundial a favor de la sostenibilidad económica, social y ambiental, fundamentado en 17 Objetivos de Desarrollo Sostenible (ODS). Los ODS son básicamente una agenda de transformación del planeta y la vida de las personas que propone un enfoque basado en los derechos humanos. El desarrollo económico, la justicia social y la protección del medio ambiente son los tres ejes sobre los que pivota la Agenda.

---

[7] El Comité de los Derechos del Niño es el organismo de las Naciones Unidas que tiene la función de examinar los progresos realizados en el cumplimiento de las obligaciones contraídas por los Estados parte que han ratificado la Convención sobre los Derechos del Niño.

Con esta pretensión son numerosas las conexiones que pueden establecerse entre el cuerpo normativo que se ocupa de los derechos de los consumidores y usuarios y los ODS. Además de la evidente articulación entre los ODS con el consumo inclusivo y sostenible, la vinculación de la normativa propia del derecho del consumo con los ODS excede dicho marco. La protección de bienes jurídicos tales como el empleo, la educación, la salud, y el consumo en sí mismo considerado, pone de manifiesto por qué los ODS resultan complementarios a otros instrumentos específicos sobre la materia de consumo. Al ser la Agenda una guía para promulgar normas y políticas bajo un modelo de desarrollo sostenible e inclusivo permite ampliar los estándares de protección de otros derechos propios del ámbito del consumo, tales como el acceso a la educación, la vivienda, los servicios básicos de luz o internet.

El principio «no dejar a nadie atrás» implica un compromiso real con la responsabilidad de respetar, proteger y promover los derechos humanos y las libertades fundamentales de todas las personas, sin hacer distinción alguna por ningún motivo. Coherente con tal promesa, los ODS incluyen a las personas con discapacidad de modo directo al incorporarlas como base en diferentes indicadores propuestos para medir el grado de avance de los ODS. También se les incluye bajo el paraguas de personas en situación de vulnerabilidad, y de manera general bajo el enfoque de diversidad, igualdad e inclusión que adopta los ODS. En este sentido se expresa un compromiso por parte de los gobiernos de empoderar a las personas con discapacidad en la elaboración de los planes y estrategias para implementar los ODS en una sociedad inclusiva donde las personas con discapacidad, como titulares de derechos y sujetos activos del desarrollo, participen activamente para alcanzar los ODS.

Directrices de Naciones Unidas para la protección del consumidor

Con el propósito de armonizar la protección de los consumidores a escala global, la Asamblea General de Naciones Unidas adopta las *Directrices de las*

Naciones Unidas para la Protección del Consumidor[8], un conjunto de principios que recoge las principales características que deben tener las leyes de protección del consumidor, las instituciones encargadas de aplicarlas y los sistemas de compensación para que sean eficaces.

Las directrices son el único instrumento acordado internacionalmente sobre la protección del consumidor y, si bien no son vinculantes, han sido ampliamente aplicadas por los Estados miembros de la Conferencia de las Naciones Unidas sobre Comercio y Desarrollo (UNCTAD)[9]. Estas directrices advierten que los consumidores[10] afrontan a menudo desequilibrios en cuanto a capacidad económica, nivel de educación y poder de negociación en sus relaciones comerciales con las empresas. Además, refiere una categoría específica de consumidores que se encuentran en una situación de mayor vulnerabilidad y desventaja y que, por tanto, requieren una atención especial (Naciones Unidas, 2021, párr.6). Las propias directrices permiten que los Estados miembros adopten definiciones diferentes de consumidor vulnerable en función de sus circunstancias internas, lo que ha dado lugar a que no haya una definición única de vulnerabilidad y desventaja de los consumidores y a que cada país elabore su política nacional sobre la base de las necesidades sociales, económicas y ambientales específicas de sus consumidores.

---

[8] Las directrices fueron aprobadas por la Asamblea General en su resolución 39/248, de 16 de abril de 1985, ampliadas posteriormente por el Consejo Económico y Social en su resolución 1999/7, de 26 de julio de 1999, y revisadas y aprobadas por la Asamblea General en su resolución 70/186, de 22 de diciembre de 2015.

[9] La UNCTAD es un organismo intergubernamental permanente creado por la Asamblea General de las Naciones Unidas en 1964.

[10] El término «consumidor» se define en el párr. 3 de las Directrices de las Naciones Unidas para la Protección del Consumidor como una persona física, con independencia de su nacionalidad, que actúa principalmente con fines personales, familiares o domésticos. Las directrices reconocen que los Estados Miembros podrán adoptar diferentes definiciones para abordar necesidades internas específicas.

Legislación europea

En el caso europeo, si bien la aplicación de los derechos del consumidor es responsabilidad de los Estados miembros, la Unión Europea tiene un papel de coordinación y apoyo. La imagen de los consumidores vulnerables en la legislación de la Unión durante muchos años fue bastante estrecha. Se definía en la Directiva sobre prácticas comerciales desleales[11], centrada principalmente en la vulnerabilidad desde la perspectiva de los intereses económicos de los consumidores y que hacía hincapié en la «influencia indebida» que pudiera ejercerse sobre aquellos consumidores cuya voluntad no estaba totalmente formada y que requerían de protección adicional por ser «particularmente vulnerables debido a sus problemas físicos o mentales, enfermedad, edad o credulidad» (Directiva 2005/29/CE del Parlamento Europeo y del Consejo, de 11 de mayo de 2005, considerando 19). Ciertamente, la Directiva se refiere a las personas con discapacidad, pero bajo una concepción añeja de la discapacidad centrada en la patología como la causa de la vulnerabilidad. Es una protección teñida de paternalismo que concibe a las personas con discapacidad como intrínsicamente vulnerables y, por consiguiente, objeto de protección.

La necesidad de establecer un concepto más amplio de los consumidores vulnerables atendiendo a otras variables que puedan dar lugar a su vulnerabilidad y a una mayor protección para ellos, conllevó a redefinir la dimensión comunitaria de la protección de estos consumidores en la Resolución del Parlamento Europeo, de 22 de mayo de 2012[12] que fue avalada por el resto de textos emitidos por las instituciones europeas. En este sentido, la Comisión Europea adopta la *Agenda del Consumidor Europeo*, documento que esta-

---

[11] Directiva 2005/29/CE del Parlamento Europeo y del Consejo, de 11 de mayo de 2005, relativa a las prácticas comerciales desleales de las empresas en sus relaciones con los consumidores en el mercado interior. DOUE-L-2005-81047.

[12] Resolución del Parlamento Europeo, de 22 de mayo de 2012sobre una estrategia de refuerzo de los derechos de los consumidores vulnerables (2011/2272(INI)).

blece el marco estratégico en materia de política de los consumidores y presta atención a las personas vulnerables, en especial en el contexto económico y social, a través de iniciativas de inclusión financiera y acceso a los servicios básicos. Bajo el nuevo marco, el concepto europeo transciende la figura de consumidor vulnerable en términos económicos y entiende que «todos los consumidores, en algún momento de su vida, pueden pasar a ser vulnerables debido a factores externos y a sus interacciones con el mercado, o porque experimenten dificultades para acceder a información adecuada dirigida a los consumidores y entenderla, y, por tanto, precisen de una protección especial» (Resolución del Parlamento, 2012, Considerando D). Del nuevo entendimiento de la vulnerabilidad que recoge el documento se desprende que las situaciones de vulnerabilidad vienen impuestas por agentes externos. Aunque no lo indique expresamente, la nueva interpretación se ajusta al relato que de la discapacidad hace la CDPD, y ello puede colegirse de la mención expresa a las personas con discapacidad que el documento hace en el apartado de exclusión social, vulnerabilidad y accesibilidad.

Aun con esta nueva óptica, la pandemia de la COVID-19 vino a plantear retos significativos que afectan la vida cotidiana de los consumidores más vulnerables en relación con la disponibilidad y la accesibilidad de productos y servicios. La necesidad de impulsar un mayor nivel de protección de estos consumidores conllevó la aprobación de la *Nueva Agenda del Consumidor*, adoptada el 13 de noviembre de 2020 por la Comisión Europea[13] bajo el título *Reforzar la resiliencia del consumidor para una recuperación sostenible*.

La Nueva Agenda se constituye en el marco estratégico general actualizado de la política de los consumidores de la Unión de 2020 a 2025 que, por primera

---

[13] Comunicación de la Comisión al Parlamento Europeo y al Consejo: Nueva Agenda del Consumidor. Reforzar la resiliencia del consumidor para una recuperación sostenible. COM (2020) 196 final.

vez dentro del marco de protección de los consumidores de la Unión Europea, menciona el apoyo a normas internacionales como la Convención de las Naciones Unidas sobre los Derechos de las Personas con Discapacidad. Dentro de los cinco ámbitos prioritarios clave de la Nueva Agenda se encuentra las necesidades específicas de determinados grupos de consumidores, en el que recoge explícitamente a la población con discapacidad:

Legislación española

La tutela efectiva de los consumidores y usuarios es una obligación de base constitucional ineludible para los poderes públicos. Es, de hecho, una política pública esencial en nuestra sociedad globalizada, donde la liberalización de los mercados, la libre competencia y la máxima disponibilidad de productos requiere de una protección para los consumidores.

La legislación española de consumidores y usuarios —Real Decreto Legislativo 1/2007, de 16 de noviembre, por el que se aprueba el texto refundido de la Ley General para la Defensa de los Consumidores y Usuarios y otras leyes complementarias— se basan en el artículo 51 de la Constitución y se aprueba por la necesidad de transponer la Directiva Europea de los derechos de los consumidores. Reformada en numerosas ocasiones, en marzo de 2022, sufre un profundo y severo replanteamiento sobre los consumidores vulnerables que se plasma en la Ley 4/2022, de 25 de febrero, de protección de los consumidores y usuarios frente a situaciones de vulnerabilidad social y económica[14].

La protección de los consumidores vulnerables vino a reforzarse con este nuevo marco jurídico que, siguiendo la estela de los mandatos comunitarios, entiende la vulnerabilidad como un concepto amplio, subjetivo y funcional y

---

[14] BOE núm. 51, de 1 de marzo de 2022.

no basado únicamente en el factor económico para la calificación de las situaciones, individuales o colectivas, como especialmente vulnerables. La Ley 4/2022 desarrolla el concepto de persona consumidora vulnerable (artículo 3) respecto de relaciones concretas de consumo, como aquella persona física que, de forma individual o colectiva se encuentra en una situación de desventaja, desprotección, indefensión o subordinación frente a empresas, aunque sea de forma temporal, territorial o sectorial, debido a sus características, necesidades o circunstancias personales y que les impide el ejercicio de sus derechos como personas consumidoras en condiciones de igualdad.

Uno de los grupos en los que la norma se centra es el de las personas con discapacidad por considerarlas particularmente expuestas a abusos, fraudes, estafas, engaños e indefensión por técnicas de comercialización o de información; y para las que el Gobierno desarrolla medidas especiales de apoyo o asistencia para garantizarles que sus relaciones de consumo se lleven a cabo en entornos igualitarios, accesibles, transparentes y de mayor seguridad.

Con esta finalidad, la reforma legislativa introduce un nuevo apartado en el artículo 17 relativo a la información, formación y educación a los usuarios para garantizar sus derechos, incluyendo una especial atención a los consumidores vulnerables. También modifica el artículo 18, dedicado al etiquetado y presentación de los bienes y servicios, al objeto de determinar que deberán ser de fácil acceso y comprensión y, para que incorporen de forma clara y comprensible información veraz, eficaz y suficiente. En este sentido, la Ley incluyó una disposición adicional sobre etiquetado inclusivo en alfabeto braille, así como en otros formatos, para garantizar la accesibilidad universal de aquellos bienes y productos de consumo para la protección de la seguridad, integridad y calidad de vida, especialmente de las personas ciegas y con discapacidad visual.

El nuevo marco legislativo modifica igualmente el artículo 19, previendo que, respecto de las prácticas comerciales relativas a servicios financieros y

bienes inmuebles, o en el ámbito de las telecomunicaciones o energético, podrán establecerse normas legales o reglamentarias que ofrezcan una mayor
protección al consumidor o usuario, en particular en relación con las comunicaciones comerciales o información precontractual facilitada, la atención post
contractual o el acceso a bienes o servicios básicos. El artículo 20, relativo a
la información necesaria en la oferta comercial de bienes y servicios, precisa
que la información a incluir deberá facilitarse en términos claros, comprensi-
bles, veraces y en un formato accesible.

5. Sociología del consumo de las personas con discapacidad

Como ya quedó registrado, el consumo va mucho más allá de satisfacer
necesidades básicas o primarias. Hay un campo extenso que precisa ser son-
deando donde el consumo surge en diferentes presentaciones. Un tipo de necesidades nace por la convivencia en sociedad: relaciones sociales y
pertenencia a la comunidad (por ello la persona frecuenta lugares de ocio, culturales y deportivos); autoestima y respeto (las personas necesitan ser reco-
nocidas y para lograrlo acuden, por ejemplo, a las industrias de belleza y
bienestar o artículos de marca); autorrealización (la necesidad innata de crecimiento personal y logros motiva a estudiar una carrera universitaria, a mejorar el bienestar físico y mental para estar lo más en forma posible).

Los productos están profundamente implicados en la vida psicológica y social de las personas, quienes crean y mantienen identidades usando diversos
bienes y servicios. Existen motivaciones detrás del comportamiento del consumidor que hoy día está incluso determinado más por su contexto social que
por el propio consumo. Ese comportamiento trasmite un mensaje no solo a
nosotros mismos, sino a los demás sobre quiénes somos y cómo encajamos
o nos distanciamos de otras personas.

El comportamiento del consumidor refleja ideas y relaciones complejas y
profundas arraigadas sobre estatus, identidad, cohesión social y búsqueda de

significado personal y cultural. El consumo tornó de ser una práctica de compra, venta y uso para convertirse en un tema crucial para estudiar seres humanos que cada día demandan más. Este es el marco en el que se encuadra la sociología dedicada al análisis de la práctica social del consumo, un amplio campo de estudio todavía en construcción en España.

En lo que respecta a la sociología del consumo de las personas con discapacidad, hasta el momento está insuficientemente explorada, y aquellas investigaciones que de ella se han ocupado, en gran medida han puesto el énfasis en la observación y examen del consumo de este grupo social en el contexto digital.

Sin duda alguna, nos faltan estudios con suficiente entidad analítica para poder deslindar y clarificar los factores que afectan a las percepciones y al comportamiento y hábitos de consumo de la población con discapacidad, y el desarrollo de ello excedería con creces los límites de este estudio. A pesar de esta limitación, en términos generales, la escasa literatura que da cuenta de las peculiaridades del consumo de la población con discapacidad coincide en señalar que, en el amplio espectro de consumidores, pocos grupos tienen mayores probabilidades de ser ignorados que las personas con discapacidad. Percibidos como un grupo marginal y extraño, con moderados y discretos ingresos, que exigen gastos adicionales para la adaptación de bienes, servicios y establecimientos, no representan para los proveedores de bienes y servicios un grupo de interés prioritario o preferencial.

Aunque las personas con discapacidad puedan presentar rasgos comunes ante el consumo, la propia diversidad de esta población, la edad, la situación económica, el nivel de estudios, el estado de salud, el género, el entorno familiar, la situación laboral de la persona, constituyen otros tantos elementos a considerar a la hora de conocer al consumidor con discapacidad. Por consiguiente, debe tenerse presente que, si bien este segmento de consumidores tiene algunos rasgos homogéneos entre sí, también presenta diferencias y características diferenciadas entre subgrupos.

No obstante, si bien el comportamiento de los consumidores con discapacidad varía en función de estas variables, la realidad indica que es difícil encontrar una normalidad en el mercado que permita la participación de esta población. Las personas con discapacidad se encuentran con numerosos obstáculos que pueden conducir a que tengan una predisposición a participar en experiencias de consumo. Como consecuencia, suelen verse como consumidores pasivos, débiles, muchos de ellos sin intereses. Esta es una apreciación que, por un lado, amenaza la necesaria equidad en las relaciones de consumo de esta población, puesto que puede ser utilizada, forzada o engañada. Por otro lado, para el sector de productos de consumo, dejar fuera a la población con discapacidad como público objetivo es una pérdida de oportunidad de mercado y de obtener ventajas competitivas significativas.

CAPÍTULO II. CONSUMIDORES CON DISCAPACIDAD FRENTE A LA BRECHA DIGITAL

1. Consideraciones generales.
2. Brecha digital y discapacidad.
3. Dimensiones y factores de la brecha digital y sus repercusiones en las personas con discapacidad.
- Dimensiones de la brecha digital.
   o Dimensión de acceso.
   o Dimensión de uso.
   o Dimensión de apropiación y/o aprovechamiento.
- Factores determinantes de la brecha digital entre las personas con discapacidad.
   o Factor económico.
   o Accesibilidad.
   o Educación y empleo.
      - Competencias digitales.
   o Factor territorial.
   o Factores culturales.
      - Capacitismo.
      - Sesgo de datos.
   o Factor jurídico-político.
   o Factor demográfico.
      - Edad.
      - Género.

4. Repercusiones de la brecha digital en las personas con discapacidad.

5. Incidencia particular de la brecha digital en los derechos de las mujeres y las niñas con discapacidad, madres y cuidadoras de personas con discapacidad.

- Intersección de género y discapacidad.
- Violencia en línea.
- Madres y cuidadoras de personas con discapacidad.

6. La brecha digital como barrera a la inclusión de las personas con discapacidad mayores.

7. La brecha digital como barrera a la inclusión de la infancia y juventud con discapacidad.

8. El impacto de la brecha digital en los derechos de las personas con discapacidad como consumidoras.

---

1. Consideraciones generales

El creciente y vertiginoso auge de las Tecnologías de la Información y las Comunicaciones —(en adelante TIC)[15]—, y su incorporación en los diferentes sectores de la sociedad, junto con sus múltiples beneficios y posibilidades,

---

[15] Cuando mencionamos a las TIC en este estudio, nos referimos a un grupo variado de herramientas, prácticas y conocimientos, vinculados con el consumo y la creación, trasmisión y difusión de la información y desarrollados a partir del cambio tecnológico acelerado que ha experimentado la sociedad en las últimas décadas, especialmente como consecuencia de la aparición de Internet. Incluyen software, computadoras, Internet (sitios web, blogs y correos electrónicos), tecnologías de radiodifusión en directo (radio, televisión y difusión por Internet), tecnologías de radiodifusión grabada (podcasting, reproductores de audio y video, y dispositivos de almacenamiento) y telefonía (fija o móvil, videoconferencia, etc.). De igual manera, en este estudio se conceptualiza la inteligencia artificial (IA) como un conjunto de TIC avanzadas que permiten el funcionamiento de «máquinas capaces de imitar ciertas funcionalidades de la inteligencia humana, incluidas características como la percepción, el aprendizaje, el razonamiento, la resolución de problemas, la interacción mediante el lenguaje y hasta la producción de trabajo creativo» (UNESCO, 2021: 12).

también ha traído consigo el surgimiento de nuevas inequidades, así como la visibilización de otras ya existentes, pero que se encontraban enmascaradas en la cotidianidad. La pandemia de COVID-19 puso de manifiesto que el acceso a las TIC y la conectividad digital no se está dando por igual a todos y que la digitalización se ha convertido en una métrica de inclusión/exclusión.

Las TIC conectan con el término *Sociedad de la Información* y se usan para indicar el cambio de paradigma en la manera en cómo consumimos la información actualmente respecto a épocas pasadas, y la forma como juegan un papel importante en todos los ámbitos de la actividad humana: económica, comercial, financiera, educativa, cultural, social. Las TIC han revolucionado nuestro modo de vivir permitiendo la invención de nuevos bienes y servicios, así como medios alternativos para el flujo de la información y nuevos métodos de comunicación que no siempre están al alcance de todos.

Es en este escenario que se inserta el concepto de *Brecha digital,* considerada como una de las barreras principales para el desarrollo de la Sociedad de la Información y, por consiguiente, una barrera significativa para alcanzar el actual modelo de desarrollo sostenible e inclusivo. La brecha digital es la manifestación de una forma de exclusión con gran capacidad para ampliar las diferencias económicas, comerciales y sociales que separan a los países y regiones, y a los individuos y grupos sociales.

Los efectos de la brecha digital son complejos porque se materializan en una sociedad de la información y el conocimiento marcada por la globalización, con problemáticas estructurales como la pobreza, el desempleo, la precarización del trabajo o la inequidad en la distribución de la riqueza. De modo que las consecuencias de la brecha digital se proyectan más allá de la simplificación de la distancia entre aquellos que tienen y los que no tienen acceso a las TIC. También refiere a las diferencias en la posibilidad de disfrutar y aprovechar rutinariamente de las ventajas de información, comunicación, interactividad y conocimiento que ofrecen estas tecnologías porque, inevitablemente, ellas impactan en la vida cotidiana de los ciudadanos, en sus oportunidades laborales, elecciones educativas, en el acceso a atención sanitaria, en nuevas relaciones sociales y de ocio, solo por mencionar las más evidentes. De tal suerte que, en el contexto digital de la sociedad, los análisis sobre la brecha digital se enfocan menos en el concepto que la vincula primordialmente a los recursos digitales, para centrarse en examinar las desigualdades sociodigitales.

2. Brecha digital y discapacidad

La discapacidad y las TIC tienen un vínculo que abarca décadas. Sin embargo, la digitalización, Internet y la sociedad en redes no solo han traído bienestar a las personas con discapacidad, sino también nuevos procesos y efectos que resultan preocupantes para esta población.

Por un lado, las TIC tienen un potencial igualador en relación con las oportunidades de las personas con discapacidad en la vida. La constelación de tecnologías que se han venido incorporando a la cotidianidad de las personas con discapacidad tienen un impacto positivo en su calidad de vida y son aliadas de su participación y desarrollo personal y social. Varios son los beneficios que proporcionan las TIC y que actúan como elementos inclusivos para la población con discapacidad: tecnologías y productos de apoyo tecnológico que facilitan las tareas y rutinas de las personas con discapacidad, como por ejemplo, equipos y programas para aumentar la movilidad, la audición, la visión o las capacidades de comunicación; la robotización y la digitalización tienen un enorme potencial para acabar con las barreras de discriminación fundadas en variables como la fuerza física, inercias o roles que tradicionalmente han discriminado a las personas con discapacidad; la consolidación del teletrabajo está permitiendo a las personas con discapacidad desempeñar su trabajo evitando desplazamientos; los avances tecnológicos favorecen la participación de las personas con discapacidad y contribuyen a incrementar su independencia y autonomía (Fundación Addeco, 2023)

Por otro lado, las TIC pueden generar discriminación de las personas con discapacidad cuando no cumplen con la condición de accesibilidad e imponen restricciones por omitir el diseño para todos. Las tecnologías avanzadas, como la Inteligencia Artificial (IA), puede dar lugar a cuestionar valores y prioridades representando enormes riesgos de exclusión para esta población cuando su diseño se basa en datos que incluyan estereotipos, sesgos y prejuicios respecto de la discapacidad; o cuando el uso de sistemas no permita la toma de decisiones de estas personas por sí mismas o a través de sus organizaciones representativas (CERMI, 2023:96).

Inclusión digital

La brecha digital que afecta a las personas con discapacidad se corrige con inclusión digital cuyo objetivo es conseguir que ninguna persona, especialmente aquellas que como esta población se encuentra en situación de vulnerabilidad, se quede fuera de un mundo que ofrece innumerables posibilidades. En tal sentido, la inclusión digital necesariamente trasciende los índices y datos fríos de estadísticas de cobertura, para sumergirse en terrenos que conlleven la construcción de una ciudadanía diversa e igualitaria. Las TIC deben ser un medio de acercamiento, respeto, información y conocimiento para la construcción de una sociedad con personas que tengan opciones equitativas en la toma de decisiones conscientes, pertinentes, informadas y oportunas que permitan disminuir las profundas desigualdades existentes.

Reconocido como un derecho humano procedente del nuevo entorno tecnológico, existen varios motivos que explican la necesidad de acometer la inclusión digital de las personas con discapacidad:

• La inclusión digital es crucial para las personas con discapacidad ya que les permite acceder a información, recursos y oportunidades que de otra manera podrían estar fuera de su alcance. La inclusión digital puede ser una herramienta poderosa para potenciar al máximo su crecimiento personal, profesional y ser parte activa de la sociedad.

- Abre la puerta al ejercicio y disfrute pleno y en igualdad de condiciones de derechos y libertades fundamentales como la educación, el empleo, la salud, el ocio, o el acceso a la justicia.

- El hecho de que se aplique la inclusión digital para las personas con discapacidad estaría al mismo tiempo promoviendo los esfuerzos por alcanzar la inclusión tecnológica de otros grupos sociales en situación de vulnerabilidad o exclusión, que suelen sufrir de invisibilidad social.

- Impulsaría la accesibilidad y sus beneficios para todos. La accesibilidad de las TIC para las personas con discapacidad estaría automáticamente aumentando las oportunidades de que todos disfrutemos de la facilidad y flexibilidad de utilizar esos bienes y servicios.

- La inclusión digital es un mandato para el Estado español que tiene la obligación de cerrar la brecha digital a la que se enfrenta las personas con discapacidad en virtud de la Convención Internacional sobre los Derechos de las Personas con Discapacidad y de la normativa nacional sobre inclusión digital.

De manera que garantizar la inclusión digital a las personas con discapacidad resulta fundamental no solo para reducir la brecha de desigualdad en el acceso y uso de las TIC que sufre esta población en relación con el resto de población; tiene que ver y, sobre todo, con un asunto de derechos humanos, porque la inclusión digital está indivisible e interdependientemente vinculada a la protección y disfrute de los derechos por parte de una persona con discapacidad en el entorno digital; y refiere también a un tema de desarrollo sostenible, porque la inclusión tecnológica contribuye directamente a la consecución de una sociedad digital más justa y equitativa.

3. Dimensiones y factores de la brecha digital y sus repercusiones en las personas con discapacidad

A pesar de que la discriminación tecnológica constituye una forma de pobreza y exclusión social que priva a la ciudadanía con discapacidad de recursos esenciales para desarrollarse y generar riqueza, son mínimas las referencias que podemos encontrar en nuestro país sobre la situación real de este grupo social y sus retos frente a las TIC.

Por una parte, la ausencia de datos y estadísticas oficiales diferenciadas por discapacidad es un inconveniente para cuantificar la población con discapacidad afectada por la brecha digital y un impedimento para comparar las acciones políticas e institucionales que se lleven a cabo con un enfoque diferencial de discapacidad en el ámbito de consumo de tecnologías.

Por otra parte, los informes generales más relevantes sobre TIC o brecha digital en España no captan las desigualdades digitales que afrontan las personas con discapacidad, y existe un déficit de estudios específicos sobre las inequidades tecnológicas que experimenta esta población.

Esta laguna informativa representa un importante desafío en relación con el análisis, evaluación, planificación, aplicación y seguimiento de la inclusividad en las respuestas que ofrezcan los actores tanto públicos como privados a la brecha digital.

Debido a la falta de datos, es difícil conocer el alcance de la brecha digital en términos cuantitativos entre las personas con discapacidad, pero ello no invalida la comprobación de que se trata de una población que enfrentan múltiples barreras que frenan su inclusión digital.

Dimensiones de la brecha digital

No existen modelos únicos para el análisis de la brecha digital y se presentan múltiples perspectivas para observarla. Los diferentes debates y discusiones acerca de los alcances y límites del concepto de brecha digital han evolucionado y derivado en la clasificación de distintas dimensiones o niveles. Esta diferenciación nos permite ubicar la brecha de acceso, la brecha de uso y la brecha de apropiación o aprovechamiento como tres aspectos relacionados entre sí.

Dimensión de acceso

Esta dimensión analiza la posibilidad material de acceso a los recursos digitales. Tiene que ver con la disponibilidad de servicios e infraestructura (o canales) necesarios para la conexión, las características y capacidad del acceso y la disponibilidad de los dispositivos tecnológicos (o terminales) que permiten el acceso.

Debe tenerse en cuenta que la brecha de acceso no comporta únicamente tener acceso/no tener acceso, sino que se vincula con las diferencias en relación a la accesibilidad a diferentes dispositivos y periféricos, a las oportunidades en relación al tipo de dispositivo al que se puede acceder y a la posibilidad de hacer frente a los costes de mantenimiento de los recursos tecnológicos (Fundació Ferrer i Guardia, 2020:7). Por consiguiente, se quebranta la óptica binaria con la que nació el concepto de brecha para remitirnos a formas más complejas de desigualdad.

Las condiciones en las que se produce el acceso: la tarifa contratada, el tipo de red (ADSL, Fibra Óptica), la velocidad y estabilidad de la conexión, los servicios incluidos, los dispositivos utilizados (ordenadores, teléfonos móviles, Tabletas...), la propia gama y prestaciones de estos equipos, etc., impactan en las desigualdades en relación con las competencias tecnológicas de uso y aprovechamiento de las TIC. Es decir, aun con un acceso notable, pueden persistir desigualdades en la capacidad de acceso que pueden marcar diferencias con respecto al equipamiento disponible (el tipo de dispositivo puede determinar la calidad de acceso y las tareas que pueda desarrollar), la autonomía de uso, las habilidades tecnológicas, el apoyo social y los fines para los que se usa las TIC.

La dimensión de acceso se encuentra principalmente vinculada con el factor económico y con la accesibilidad.

Entre los datos que refieren a la brecha digital de las personas con discapacidad en esta dimensión o nivel encontramos:

- El 39,4 % (37,0 % hombres y 41,1 % mujeres) de personas con discapacidad de 16 y más años encuentran dificultades de accesibilidad para poder utilizar con normalidad las TIC. Esta dificultad motivada por la discapacidad aumenta con la edad. Así, afecta al 29,9 % de las personas de 6 a 44 años, frente al 57,6 % de los de 80 y más. Por tipo de discapacidad, las personas con dificultades de audición son las que menos problemas de accesibilidad declaran, mientras que las personas con problemas de aprendizaje las que más dificultad encontraron (INE, 2020:9).

- Un 52 % encuentra problemas de accesibilidad al no poder manejar ciertos dispositivos debido a falta de adaptaciones para su discapacidad (Fundación Adecco, 2023:18).

Dimensión de uso

Se relaciona con el tipo de dispositivos, la intensidad, frecuencia, duración, lugar que se requiere para el uso de la tecnología, así como la motivación y las habilidades o competencias que intervienen en el uso desde un punto de vista técnico o instrumental (competencias necesarias para utilizar los medios digitales).

Además de tener el acceso a la infraestructura, se deben disponer de los conocimientos y destrezas necesarios para poder utilizarlas. En este sentido, nos encontramos personas que disponen de los equipos necesarios, de una óptima conexión a la red, pero no saben cómo utilizarlo adecuadamente (Fundació Ferrer i Guardia:2020:11).

Por consiguiente, el uso de dispositivos tecnológicos dependerá de las habilidades y competencias tecnológicas, que a su vez están condicionadas por la motivación en aprender y la utilidad percibida de las herramientas digitales. De modo que la brecha de acceso y la brecha de uso se retroalimentan mutuamente. Sin el acceso material a los recursos tecnológicos no se podrán desarrollar las competencias; y a su vez, no se suele adquirir material tecnológico sin las habilidades para usarlos.

La dimensión de uso está relacionada primordialmente con factores determinantes socioculturales como la educación, la exclusión social y la participación social.

Entre los datos que refieren a la brecha digital de las personas con discapacidad en la dimensión de uso están:

• 3 de cada 10 personas con discapacidad de 16 a 45 años no utilizan la Red de redes, pero este porcentaje subía hasta el 87,9 % entre los mayores de 65 años. El estudio pone de relieve que el uso mayor o menor de Internet tiene relación directa con el nivel de educación de la persona con discapacidad. Aquellas que solo llegaron a educación primaria no la utilizaron hasta en un 87 %, mientras que entre los que finalizaron educación secundaria este porcentaje se situaba en el 37,9 %. Asimismo, resalta el bajo uso de Internet de las personas con discapacidad intelectual respecto a otros perfiles de discapacidad y la complejidad que para muchas personas con discapacidad representa esta tecnología, hasta el punto de que un 9,3 % manifiesta temor a utilizarlo por creer que pueden engañarle (OED, Informe Olivenza 2017:519).

- Un 58 % de personas con discapacidad declaran encontrar barreras en el uso y manejo de las nuevas tecnologías, por considerarlo muy complejo y avanzado (Fundación Adecco, 2023:18).

- La complejidad de las instrucciones y los menús de las tecnologías (que se agrava para las personas con discapacidades cognitivas) o la inaccesibilidad de su propio diseño (también gravoso para personas con discapacidades cognitivas o aquellas relacionadas con la visión o con la comunicación), son una importante limitación en su interacción con la IA y sus productos y servicios (Real Patronato sobre Discapacidad, 2023:133).

Dimensión de apropiación y/o aprovechamiento

Relacionada con el uso significativo o con los beneficios que tienen las TIC para la vida cotidiana (educativa, laboral, familiar, personal y social) en el aspecto individual. En este sentido, analiza los elementos relacionados con la inclusión o exclusión sociodigital, las redes de acompañamiento y soporte, los procesos socioculturales que intervienen en el uso de las TIC y los significados que se les otorgan, así como los elementos relacionados con la apropiación tecnológica y el empoderamiento.

Esta es una dimensión relacionada con las competencias substanciales, orientadas a la búsqueda de información, comunicación y la creación de contenidos. Por lo tanto, disponer de competencias instrumentales (dimensión de uso) es una condición previa necesaria para aplicar las competencias substanciales (dimensión de aprovechamiento).

En este caso, la brecha digital hace referencia a las limitaciones en las capacidades de las personas de traducir su acceso y uso de Internet en resultados favorables fuera de la red (*offline*). Nos referimos a las desiguales posibilidades que tienen las personas de aprovechar las tecnologías, considerando las barreras relativas a la obtención de beneficios concretos de la inclusión digital (Fundación Ferrer i Guardia, 2020:17).

La dimensión de apropiación y/o aprovechamiento de las TIC, al igual que la dimensión de uso se encuentra especialmente vinculada con determinantes socioculturales como el nivel de apoyo social e institucional que reciba la persona para aprovechar las TIC, y su propio bagaje experiencial vital.

Entre los datos que refieren a la dimensión de aprovechamiento están:

- Un 28 % de las personas con discapacidad encuestadas utiliza LinkedIn como red social por excelencia para establecer contactos y acceder a ofertas de empleo; un 17 % envía su candidatura a través de las webs corporativas y tan solo un 15 % ha utilizado la Inteligencia Artificial como recurso en este proceso (Fundación Adecco, 2023:19).

- Las personas mayores hacen un uso muy limitado de Internet, y el principal es la comunicación vía mensajería instantánea, tipo WhatsApp, algo que realizan un 71 % de los mayores de 65 años, frente al 91 % de la media de edades. Sin embargo, solamente el 45 % utilizan el correo electrónico (el 80 % de la media), solo el 47 % buscan información en la red (el 75 % de la media), el 54 % leen periódicos o revistas digitales (el 77 % de la media), y únicamente el 55 % llevan a cabo actividades de entretenimiento online, como escuchar música o ver películas o series (casi el 86 % en el caso de la media población) (Fundación Telefónica, 2023:139-140).

Factores determinantes de la brecha digital entre las personas con discapacidad

Las tres dimensiones de la brecha digital anteriormente expuestas comprenden diferentes factores que se derivan de procesos sociales, económicos y culturales desiguales que producen y reproducen las diferencias injustas que soportan las personas con discapacidad en la esfera digital.

Estos factores son de naturaleza diversa, compleja e interdependiente. Pueden ubicarse en cada una de las dimensiones de la brecha digital o ser transversales a todas e incidir en mayor o menor medida en ellas. Son factores, por tanto, que por sí solos o combinados pueden ayudar al aumento de las desigualdades sociodigitales que experimentan los consumidores y usuarios con discapacidad.

Factor económico

Refiere a las condiciones económicas para acceder a los recursos TIC (ordenadores, redes, telefonía móvil, entre otros. El económico, es el primero de los factores que provoca la brecha digital en las personas con discapacidad.

La desigualdad económica de la población con discapacidad respecto al resto de población se refleja en los resultados de múltiples fuentes estadísticas e informes que han sido referidos en el capítulo I de este estudio. La discapacidad ocasiona un déficit económico que tiene causa en tres variables: la asunción de gastos extraordinarios para atender determinadas necesidades de apoyo en la vida cotidiana; la menor capacidad de generar ingresos debido a los obstáculos para acceder al mercado laboral, las limitaciones en la cuantía o extensión de las prestaciones económicas que perciben o por su inferior capacidad de ahorro; y por último, la pérdida o reducción de oportunidades para realizar actividades sociales, de formación, laborales o de ocio, por dedicar esfuerzo y tiempo a responder a las necesidades derivadas de la discapacidad (Fundación Derecho y Discapacidad, 2015: 80).

Muchas personas con discapacidad no han superado la brecha de acceso debido a que deben tomar decisiones motivadas por estrecheces económicas que les impide acceder a recursos tecnológicos, lo que contribuye a su segregación y a perpetuar sus desigualdades económicas y sociales.

«Dentro de las barreras de acceso a las nuevas tecnologías, el 75 % refiere falta de poder adquisitivo para adquirir estas herramientas» (Fundación Adecco, 2023:18).

Debido a estos costos adicionales, muchas personas con discapacidad no están en condiciones de permitirse dispositivos tecnológicos y/o pagar servicios de conectividad; otras optarán por no adquirirlos o no repararlos para destinar el dinero a cuestiones como tratamientos o medicamentos buscando priorizar sus necesidades.

La brecha digital de acceso es más aguda para las personas con discapacidad con mayores problemas económicos (recordemos que el 27 % de las personas con discapacidad experimenta dificultades o muchas dificultades para llegar a fin de mes).

«Para las personas con discapacidad beneficiarias -o posibles beneficiarias- del joven Ingreso Mínimo Vital (IMV), la prestación solo les alcanza para cubrir sus necesidades básicas, como —sobre todo— alquiler, facturas de suministro y alimentación, sin posibilidad de costear dispositivos tecnológicos de última generación y contratar servicios de conectividad () Asimismo, parten de una brecha digital intensa que les dificulta tramitar vía web, de manera directa y autónoma, la solicitud de esta prestación. Esta brecha digital se manifiesta de diferentes formas:

No cuentan por lo general con equipos informáticos en el hogar, ni Internet, por motivos económicos y de alfabetización digital. Únicamente disponen de teléfono móvil, a veces sin Internet» (OED, Informe Las Personas con Discapacidad en el IMV y otras Rentas Mínimas de Inclusión, 2023:106 y 112).

Accesibilidad

La accesibilidad es un factor determinante de la brecha de primer nivel o dimensión de acceso. Constituye una barrera material previa de acceso a la tecnología o a través de ella.

La accesibilidad es una característica básica que deben cumplir los entornos construidos y virtuales, los servicios y bienes, así como los objetos, herramientas y dispositivos para ser utilizados por todas las personas de manera autónoma, segura, confortable y equitativa y que debe ser alcanzada desde los principios del Diseño Universal.

La vocación de universalidad significa que la accesibilidad es un requisito que beneficia a todas las personas independientemente de sus funcionalidades, superando así la percepción restrictiva de que ésta atañe exclusivamente a las personas con algún tipo de discapacidad, personas mayores, personas con dificultades para el dominio de la lengua o las que utilizan diferentes dispositivos para su uso.

La accesibilidad es un requisito indispensable para la inclusión de las personas con discapacidad. Por ello, es una obligación normativa para promover y proteger los derechos de estos ciudadanos. Su ausencia determina la imposibilidad o la merma del derecho y su ejercicio, quedando la persona en una posición de desigualdad por vulneración de los derechos que tiene como individuo.

Este mandato viene recogido en el artículo 9 de la Convención de Naciones Unidas sobre los Derechos de las Personas con Discapacidad que recoge la accesibilidad a las TIC como una parte integral del derecho a la accesibilidad. La accesibilidad mejora la calidad de vida, la independencia de las personas y contribuye a la participación de todos, no generando desigualdades en el acceso y uso de la tecnología.

«El artículo 9 de la Convención consagra claramente la accesibilidad como la condición previa para que las personas con discapacidad puedan vivir en forma independiente, participar plenamente y en pie de igualdad en la sociedad y disfrutar de manera irrestricta de todos sus derechos humanos y libertades fundamentales en igualdad de condiciones con los demás» (Comité sobre los Derechos de las Personas con Discapacidad, 2014, párr.14).

La accesibilidad es fundamental para permitir que los usuarios con discapacidad se beneficien de la era digital sin restricciones y puedan disfrutar plenamente de sus derechos y libertades fundamentales sin que se vean menoscabados o restringidos. Sin embargo, la incompleta accesibilidad de las TIC está constituyendo para las personas con discapacidad una barrera en los diversos ámbitos de la vida social.

Salud

«La valoración de la accesibilidad del ámbito de sanitario por parte de pacientes que han participado en el estudio refleja que aún queda un largo recorrido para que los entornos y todo aquello que forma parte de los servicios y procesos sanitarios sean plenamente usables por cualquier persona independientemente de sus capacidades () Las personas con discapacidad encuentran dificultades a la hora de interactuar con las herramientas digitales de una consulta en línea () El uso de aplica-

ciones, dispositivo tecnológico o sensor para controlar aspectos de la salud es una tendencia en aumento, por el autocuidado y también por la prevención Siendo la valoración de la accesibilidad de estos dispositivos de una puntuación media de 6,40 puntos dentro de una escala de 0 a 10, en la que el 0 significa que te parece «totalmente inaccesible» y el 10 «totalmente accesible» (Fundación ONCE, 2021:43-46).

Educación

«Todavía existen preocupantes barreras de accesibilidad a las tecnologías que impiden la participación en igualdad de oportunidades del alumnado con discapacidad, así como del profesorado con discapacidad.
Los problemas de accesibilidad en los sitios web y en las aplicaciones para dispositivos móviles de las plataformas educativas, y también la baja accesibilidad tecnológica que presentan algunos de los procedimientos administrativos y de gestión que forman parte de las actividades diarias del Personal de investigación con discapacidad» (CERMI, 2022:237).

Empleo

«La falta de accesibilidad ahonda la brecha laboral entre las personas con discapacidad, en la medida en que no pueden consultar información sobre noticias de trabajo a través de los canales online, establecer una red de contactos con otros profesionales o con empresas que sean relevantes para su búsqueda de empleo, o crear su marca personal, entre otros aspectos.

En el caso de las personas con discapacidad desempleadas o aquellas en búsqueda activa de empleo las plataformas de ofertas de empleo en base a IA constituyen una especial preocupación en cuanto a su inaccesibilidad y dificultad de uso» (Real Patronato sobre Discapacidad, 2023:133).

Educación y empleo

La educación y el empleo son predictores relevantes del acceso, uso y aprovechamiento de las TIC. El nivel de educación constituye un factor cuando se trata del fenómeno de la brecha digital ya que quienes poseen un alto nivel de educación pueden aprovechar las potencialidades de las tecnologías tanto en el hogar como en el campo profesional. Los trabajadores a menudo adquieren experiencia y capacitación en TIC en el lugar de trabajo, y esas habilidades son fácilmente transferibles a otras dimensiones de uso de internet.

De tal manera que los nexos entre las desiguales oportunidades para el acceso y uso de las TIC y menores niveles de educación y empleo están bien establecidos. La falta de educación y el desempleo se asocian con una menor posibilidad de acceder a las TIC y desarrollar competencias tecnológicas y cognitivas que permitan beneficiarse de todo lo que ofrece las TIC.

Los datos cuantitativos y cualitativos sobre la realidad educativa y laboral de las personas con discapacidad en España ponen en evidencia una brecha considerable respecto de la población sin discapacidad que se extiende al ámbito de las TIC.

Competencias digitales

Para poder acceder a las nuevas oportunidades de aprender, trabajar, crear y participar en la sociedad cada vez más tecnológica, no basta con disponer de los recursos tecnológicos y una buena accesibilidad a ellos, sino que es indispensable que las personas con discapacidad posean la motivación y las competencias que les permitan usar y aprovechar tales tecnologías y mejorar su capacidad de adaptación a los nuevos entornos. La falta de conocimientos sobre la manera en que estas herramientas puedan satisfacer las necesidades cotidianas puede ser una barrera importante para que las personas con discapacidad usen las TIC.

En 2019, el Consejo de la Unión Europea adopta la Recomendación sobre las competencias clave para el aprendizaje permanente, indispensables para la realización personal, para mantener un estilo de vida saludable y sostenible, para participar del entorno profesional y llegar a construir una ciudadanía activa y socialmente inclusiva. Una de estas competencias clave es la competencia digital y tecnológica que implican las actitudes, habilidades y conocimientos que permiten la realización de actividades alrededor de las tecnologías de la información y el espacio digital.

Acorde con la Recomendación europea, el Plan Nacional de Competencias Digitales 2020 (Gobierno de España, 2021) señala la adquisición y el desarrollo de competencias digitales como una de sus prioridades clave. Indica que deben tener una visión inclusiva, encaminadas a mejorar la capacitación de todos y todas, sobre todo de las personas en riesgo de exclusión social. No obstante, la realidad indica que los menores niveles educativos de las personas con discapacidad también se ven reflejados en la brecha de aprendizaje digital.

Como hemos apuntado en un apartado anterior, una de las barreras en el uso y manejo de las nuevas tecnologías por parte de las personas con discapacidad es la complejidad funcional para el uso elemental de los dispositivos digitales y las aplicaciones en línea, al igual que la dificultad que encuentran para utilizarlos de tal forma que puedan sacarle el mayor provecho. Y es que tan importante es el conocimiento instrumental del recurso tecnológico (conocimiento de los sistemas informáticos, uso del sistema operativo, procesamiento de textos, uso de base de datos, uso de redes sociales…) como disponer de las competencias necesarias para desempeñarse en la sociedad de la información (competencias para buscar información, para aprender a comunicarse, para aprender a colaborar con otros, para participar en la vida pública).

> *«Las personas con discapacidad en situación de vulnerabilidad socioeconómica, el colectivo destinatario del Ingreso Mínimo Vital y otras Rentas Mínimas de Inserción cuenta, habitualmente, con niveles elementales de lectoescritura. Tanto más en perfiles como la discapacidad intelectual, auditiva… Asimismo, parten de un bajo nivel de alfabetización digital que les dificulta navegar en la web y realizar operaciones on-line de manera directa y autónoma»* (OMS, 2023:112).

Factor territorial

Este factor se deriva de la caracterización del lugar donde vive la persona y que permite ubicar particularidades de zonas rurales y urbanas, así como las condiciones ambientales del lugar donde reside.

En España, alrededor de un millón de personas con discapacidad reside en zonas rurales, es decir una cuarta parte de la población. La distribución por género y edad da cuenta de una población más envejecida que en el medio urbano, y con una proporción mayoritaria de mujeres. Para las personas con discapacidad residentes en zonas rurales, su desarrollo vital supone enormes desafíos.

> *«Hay evidencia de la situación de especial desventaja de las personas con discapacidad residentes en zonas rurales debido a las propias circunstancias del hábitat, las dificultades de transporte, el acceso a las TIC, la falta de accesibilidad en el entorno y en la vivienda»* (OED, Informe Personas con Discapacidad en el Medio Rural, 2017:22).

Uno de estos desafíos refiere a la brecha digital que afecta más a la población con discapacidad de las zonas rurales que a la de núcleos urbanos. La brecha entre los conocimientos de las TIC de hombres y mujeres con discapacidad es mayor en las zonas rurales debido a la falta de infraestructuras de calidad y de acceso, y a la invisibilidad asociada a sesgos negativos de las personas con discapacidad que perdura en el medio rural. La población femenina de edad tiene menos oportunidades de formarse y aprender nuevas habilidades y competencias, lo que ahonda en sus niveles de pobreza e infrarrepresentación en la sociedad.

> *«En una sociedad basada en el uso y aplicación de Tecnologías de la Información y Comunicación (TIC), hace muy relevante la accesibilidad al mundo digital, dispositivos, aplicaciones e internet. En el Medio Rural, existe una brecha digital en expansión en relación con el uso de TIC, provocada por las malas conexiones a Internet, y la falta de accesibilidad de dispositivos y aplicaciones () El acceso y uso de internet y las TIC en la población con discapacidad en el Medio Rural es muy escaso, lo cual redunda en menos oportunidades para la formación, el empleo y la participación social»* (OED, Informe Olivenza 2017: 39 y 47).

Factores culturales

Vinculados a emblemas culturales, imaginarios, significados y valores que se otorgan a las tecnologías en función de los grupos sociales de pertenencia. En este sentido, alude a los valores culturales y sociales que se manifiestan en capacitismo, estigmatización y discriminación contra las personas con discapacidad en el ámbito de las TIC y que generan su exclusión.

Capacitismo

El capacitismo es una estructura mental de exclusión de las personas con discapacidad. Se trata de un problema estructural que está incrustado en el funcionamiento cotidiano de nuestra sociedad y sus instituciones a modo de comportamientos, actitudes y hábitos basados en el estigma, rechazo y desconocimiento de la discapacidad. El capacitismo como sistema de opresión considera que la discapacidad es una condición devaluada y cataloga a las personas con discapacidad como inferiores (Álvarez Ramírez, 2023:10).

El capacitismo, consciente o inconsciente, se incrusta en todos los ámbitos en que se desenvuelve la persona con discapacidad, y el contexto de las TIC no es la excepción. En este campo actúa como una gran barrera actitudinal de discriminación y estigma; y causa inequidades de acceso en igualdad de condiciones a las oportunidades digitales. La narrativa excluyente perpetuada por los supuestos y prácticas capacitistas contribuye a crear barreras y desigualdades sistémicas, impidiendo que las personas con discapacidad logren un acceso equitativo y participen plenamente en la Sociedad de la Información.

En comparación con la población general, las personas con discapacidad tienen significativamente más probabilidades de experimentar conductas estigmatizantes y discriminatorias en el contexto de las TIC. Son un segmento de población especialmente expuesto al aislamiento digital a tenor de sus mayores niveles de pobreza y exclusión social, y a las actitudes y prácticas capacitistas profundamente arraigadas, normalizadas y reforzadas en toda nuestra sociedad.

Las presunciones normativas sobre la capacidad que guían el diseño y la implantación de la tecnología que incluyen plataformas y medios digitales está siendo referido en el mundo anglosajón como *techno-ableism*, lo que podría traducirse como *tecnocapacitismo*. El término que fue acuñado por Ashley Shew (2020) describe una retórica de la discapacidad que al tiempo que habla de empoderar a las personas con discapacidad a través de las tecnologías, refuerza las ideas capacitistas sobre qué cuerpos y mentes son buenos y considerados dignos para beneficiarse de ellas.

Cuando las tecnologías, especialmente las más avanzadas, se diseñan predominantemente para satisfacer las necesidades de los consumidores que en el imaginario social son considerados *estándar,* sugiere que existen indicios de prejuicios contra aquellas personas con habilidades físicas, mentales, neuronales, cognitivas o conductuales que no son normativas o típicas, sino de alguna manera diferentes. Así, el capacitismo opera como estructura de poder que a través de diseños excluyentes y nuevas formas de expectativas de capacidad digital y normas de datos, etiquetan y marginan a las personas con discapacidad.

Sesgo de datos

En su forma más simple, la inteligencia artificial (IA) es la habilidad de desarrollar sistemas informáticos capaces de emular y realizar actividades propias de los seres humanos, tales como percibir, razonar, aprender, crear, planear y resolver problemas[16].

---

[16] Definición incorporada en European Parliament (2020), «Artificial intelligence: How does it work, why does it matter, and what can we do about it?», *STUDY Panel for the Future of Science and Technology,* European Parliamentary Research Service.

Los beneficios que proporciona la IA y que actúan como elementos inclusivos para la población con discapacidad están ampliamente documentados. Facilitar el acceso a la información y a la propia comunicación en todos los medios y formatos, facilitar la toma de decisiones, mejorar la accesibilidad en el entorno, programación de robots que facilitan la asistencia personal, Sistemas de IA de automoción, mejora de la atención sanitaria y los servicios de habilitación y rehabilitación, entre otros, (CERMI, 2020:2). Sin embargo, desde una perspectiva de derechos humanos de las personas con discapacidad, los sistemas de IA además de los beneficios, representan también riesgos para el goce y ejercicio de los mismos.

Entre los principales riesgos se pueden señalar los siguientes: a) El uso de sistemas de IA para justificar la selección genética de personas sin discapacidad; b) El uso de sistemas de IA para identificar y eventualmente discriminar a personas con discapacidad; c) La creación de sistemas de IA basados en modelos de normalización que excluyan o no tengan en cuenta la las necesidades, la opinión y diversidad de las personas con discapacidad; d) El diseño de sistemas de IA que se basen o nutran de datos que incluyan estereotipos, sesgos y prejuicios respecto de la discapacidad; e) El uso de sistemas de IA que no permitan la participación o toma de decisiones de personas con discapacidad, por sí mismas o a través de sus organizaciones representativas; f) La creación de sistemas IA dirigidos a las personas con discapacidad que no sean probados y validados para su uso por las propias personas con discapacidad (CERMI, 2020:2).

La preocupación por el uso de sistemas de IA que pongan en riesgo o vulneren derechos humanos de las personas con discapacidad en igualdad de condiciones con los demás, se basan en la incorporación que pueda hacerse de los sesgos capacitistas en los desarrollos tecnológicos. En otras palabras, el sesgo de datos ocurre cuando los algoritmos de IA se entrenan en conjuntos de datos sesgados, lo que genera resultados sesgados. Los efectos de las distorsiones de datos en las aplicaciones de IA pueden ser profundos y perpetuar las desigualdades sociales, económicas y culturales que persisten para las personas con discapacidad.

> *«Las opiniones capacitista de que la discapacidad es un problema, un asunto negativo y siempre individual se extiende a las ideas y diseños para el futuro ideal. Al considerar la relación de mentes y cuerpos a las comunidades y la infraestructura, el capacitismo afecta las narrativas que se despliegan alrededor de la IA. El capacitismo también da forma a la imaginación digital y tecnológica e incide en el qué, cómo, y para quién se diseña. Impacta en las nociones de quién se "beneficiará" del desarrollo de la IA, y las formas en que esos sistemas están diseñados e implementados son producto de cómo se imagina el funcionamiento "adecuado" de los cuerpos y mentes* (Álvarez Ramírez, 2023:97)».

Las distorsiones de datos en las herramientas de IA pueden manifestarse de diversas formas: como sesgo de selección, sesgo de medición y sesgo de confirmación. El sesgo de selección ocurre cuando la muestra de datos utilizada para entrenar un modelo de IA no es representativa de la población para la que está diseñado. El sesgo de medición se produce cuando los datos recopilados no miden con precisión lo que se pretende medir. El sesgo de confirmación se da cuando los datos se seleccionan deliberadamente para confirmar creencias o hipótesis preexistentes.

Las fuentes de distorsión de datos pueden provenir de varias fuentes: sesgos históricos y sociales, datos incompletos y sesgos de muestra. Los primeros son las creencias y opiniones preconcebidas negativas que suelen reforzar ideas infundadas, que poco o nada tienen que ver con lo que puede experimentarse en la realidad. Los datos incompletos pueden deberse a puntos de datos faltantes o falta de diversidad en el conjunto de datos. El sesgo de muestreo ocurre cuando la muestra de datos no es representativa de la población que pretende representar.

Es evidente que cuando los modelos de IA se entrenan con algoritmos de aprendizaje automático que sustituyen parcial o totalmente la toma de decisiones humanas e incluyen decisiones de juicio de valor con sesgo capacitista, se está discriminado por motivos de discapacidad y se está contribuyendo a perpetuar y amplificar tales sesgos.

> «En el ámbito del empleo, la condición de discapacidad nunca debe ser inferida por un sistema de IA, ya que en tal caso la empresa estaría violando la privacidad del candidato al obtener una información sensible y protegida sin su consentimiento.
> Otro hallazgo tiene que ver con los modelos predictivos, de recomendación o de redes generativas basados en IA y sus limitaciones () Además, si se tiene en cuenta que la medida de salida puede estar sesgada en ciertos grupos de discapacidad, se debe valorar incluir alguna medida para poder compensar dichos sesgos» (Real Patronato sobre Discapacidad, 2023:135).

Factor jurídico-político

Refieren al diseño, implementación y evaluación de la normativa y políticas públicas en el sector de las TIC que permiten y mantienen prácticas y mecanismos que lesionan los derechos e intereses de las personas con discapacidad.

Si bien España está articulando un marco normativo cada vez más completo para la digitalización y a la vez posee diversos documentos estratégicos que prefiguran la toma de decisiones políticas en el mismo ámbito, la equidad digital para las personas con discapacidad todavía dista de ser una realidad.

La Ley 11/2022, de 28 de junio, General de Telecomunicaciones ha generado un marco normativo que ha avanzado en términos de protección y apoyo a las personas con discapacidad. Entre sus objetivos se encuentran los de impulsar la innovación en el despliegue de redes y la prestación de servicios de comunicaciones en aras a garantizar el servicio universal y la reducción de la desigualdad en el acceso a internet y las TIC; así como salvaguardar en la prestación de estos servicios los imperativos constitucionales de no discriminación, de respeto a los derechos al honor y a la intimidad, la protección a las personas con discapacidad, la protección de los datos personales y el secreto en las comunicaciones.

Por su parte, y producto de la reflexión que se está produciendo a nivel europeo que persigue liderar un proceso imprescindible a nivel global para garantizar una digitalización humanista equitativa, la Carta de Derechos Digitales, publicada en 2021 formula los derechos de la ciudadanía en el mundo digital y dedica el capítulo XI a la accesibilidad universal en el entorno digital con una atención especial a las personas con discapacidad. Asimismo, garantiza el derecho a lo no discriminación, cualquiera que sea el origen, causa o naturaleza, en relación con las decisiones, uso de datos y procesos basados en Inteligencia Artificial. El Plan España Digital 2026 y la Estrategia Española de I+D+I en Inteligencia Artificial, por mencionar algunas, demuestran que el marco de políticas referentes a las TIC en España busca reducir la brecha digital con el fin de construir una sociedad más justa e inclusiva.

No obstante, la mera promulgación de estos mandatos legislativos, políticos y programáticos no garantiza que se elimine la brecha digital que afecta a las personas con discapacidad. A la vista de las numerosas barreras que todavía enfrenta esta población en el ámbito tecnológico, se desprende que los poderes establecidos todavía no han capturado ni reconocido ni la verdadera interpretación del enfoque inclusivo, ni los retos sistemáticos a los que diariamente se enfrentan las personas con discapacidad que refieren no únicamente a sus particulares necesidades en los diversos ámbitos vitales, sino también, a ideas y prácticas culturales y sociales que les sigue discriminando y deshumanizando.

Es condición *sine qua non* comprender las experiencias vitales de las personas con discapacidad para atajar las contradicciones entre el nivel jurídico político y la realidad material de esta población. Es esencial que exista una conciencia y convencimiento de que la transformación digital en el país solo se alcanzará cuando se asegure la inclusión digital a esta población, lo que significa que debe garantizarse la accesibilidad a las TIC y eliminarse los sesgos tecnológicos que siguen castigando a este grupo social debido al desconocimiento o comprensión equivocada de su realidad sobre las cuales se proyectan las normas y políticas en este campo.

Factor demográfico

En términos de población general, la relación entre el acceso, los usos digitales, el nivel de competencias digitales y los grados o niveles de inclusión/exclusión digital, evidencian que las personas mayores tienen un perfil de inclusión digital baja.

> «Perfil de inclusión digital baja se caracteriza por una mayor presencia de mujeres (63 %); con una edad superior a los 65 años (59,5 %); jubilados/as (61 %)» (Fundació Ferrer i Guardia, 2022:15, 29).

Los datos de la EDAD-2020 muestran que la edad y el género son variables de análisis fundamentales a la hora de analizar los procesos de exclusión digital de las personas con discapacidad. De hecho, las tasas específicas de discapacidad se incrementan según avanza la edad. Respecto al sexo, la población con discapacidad femenina es mayor que la masculina en términos relativos a partir de los 45 años (OED, Informe Olivenza 2022: 71).

Edad

La pirámide estadística de internautas que se conectan tanto habitual como ocasionalmente es decreciente según la edad. Cuando más mayor, más desconectado. La edad de los usuarios de internet origina la brecha digital generacional, esto es, la distancia que separa a los nativos digitales (que ha nacido y crecido con las tecnologías) de los inmigrantes digitales (aquellos que adoptaron la tecnología más tarde en sus vidas) por lo que a la utilización de las nuevas tecnologías se refiere.

> «A medida que aumenta la edad se reduce el acceso a Internet (99 % de las personas de 16 a 29 años frente a un 76 % de las mayores de 65 años). () Entre las personas de más de 65 años, un 27,3 % nunca ha usado Internet, mientras que en el resto de grupos de edad estos datos son residuales. Asimismo, mientras que el 97,4 % de las personas de entre 16 y 29 años utiliza Internet a diario, este porcentaje se reduce al 60,7 % en el caso de las personas de más de 65 años» (Fundación Ferrer i Guardia, 2022:15, 29).

La edad es una variable que contribuye a la brecha digital de las personas con discapacidad mayores por diferentes razones. La falta de familiaridad con las TIC conlleva a la desconfianza digital. Para esta población, aprender sobre tecnología desde cero puede resultar muy complicado, por lo que en la mayoría de los casos optan por dejarla a un lado. La insuficiente formación y apoyo necesario para resolver dudas tecnológicas genera inseguridad para hacer uso de los recursos tecnológicos. Los adultos mayores pueden llegar a sentir miedo a cometer errores, a estropear un dispositivo por desconocimiento o a ser engañados si entran en una página web sin saber navegar por ella. La ausencia de accesibilidad (acorde con el tipo de discapacidad) dificulta la interacción con la tecnología de la misma manera ágil y efectiva que lo hacen la gente joven.

Asimismo, la infancia y juventud con discapacidad pueden sufrir de inequidades tecnológicas. La ausencia de accesibilidad y la dificultad para adquirir recursos tecnológicos atendiendo a sus circunstancias socioeconómicas, así como los mayores riesgos de violencia, explotación y abuso a los que están expuestos en el contexto digital los hace un grupo particularmente sensible a la brecha digital.

> «Si hay un colectivo especialmente sensible son los niños y niñas con discapacidad. En muchos casos, los dispositivos, aplicaciones o formatos no contemplan su realidad y no se piensan desde el diseño universal. Esto unido a una mayor dificultad por parte de las familias con niños con discapacidad, con mayores gastos y menos rentas, en el acceso a productos imprescindibles para una vida más independiente y conectada» (UNICEF, 2018:8).

Género

El sexo se revela como otro factor que segrega y desencadena la brecha digital de género. Existe una disparidad entre hombres y mujeres en relación a las oportunidades de acceso a los recursos digitales, su uso y las habilidades tecnológicas para adquirir las destrezas necesarias para el trabajo y la vida cotidiana. Pero esta brecha digital de género no es homogénea, sino interseccional, y afecta en mayor medida a grupos poblaciones que viven desigualdades preexistentes en la mayor parte de los ámbitos de la vida, como las mujeres y niñas con discapacidad.

> «Las mujeres y las niñas con discapacidad se enfrentan a numerosas dificultades para tener acceso a una vivienda adecuada, a la atención sanitaria, la educación, la formación profesional y el empleo y tienen mayores probabilidades de ser internadas en instituciones y de vivir en la pobreza.» (Relatora Especial sobre los derechos de las personas con discapacidad, 2015, párr. 38).

A pesar del potencial transformador de la tecnología, la intersección de género y discapacidad incrementa la exclusión digital para la población femenina con discapacidad. La desigualdad de género, la violencia machista, la dificultad para el acceso a la educación y al mercado laboral, o la sobrecarga de trabajo de cuidados, aumentan la probabilidad de agudización y cronificación de la inequidad en el acceso, uso y aprovechamiento de las TIC.

Además de que tal intersección disminuye las probabilidades de que las mujeres con discapacidad puedan aprovechar los beneficios de las TIC, también ocasiona que esta población sufra en el plano digital continuas agresiones y delitos contra su honor o intimidad a través de estereotipos e insultos por el hecho de ser mujeres y tener una discapacidad.

4. Repercusiones de la brecha digital en las personas con discapacidad.

En una sociedad y una economía cada vez más digitalizadas, la brecha digital supone otra arista de la desigualdad que afrontan las personas con discapacidad y un claro elemento de incremento de riesgo de exclusión social.

Los impactos de la brecha digital en esta población son múltiples. Mientras que algunos de estos impactos se producen en ámbitos concretos (educación, salud, empleo, finanzas, vivienda), otros son más transversales (contribución a la exclusión social, perpetuación del capacitismo, aislamiento, salud mental).

• Acentúa las diferencias económicas y promueve la exclusión financiera

La brecha digital es un obstáculo significativo para la igualdad de oportunidades económicas de las personas con discapacidad y para su inclusión financiera.

Existe una correlación directa entre la brecha digital y la desigualdad de ingresos. Para los ciudadanos digitales —aquellos con fácil acceso a conexiones de banda ancha, dispositivos informáticos, habilidades digitales y la capacidad de contribuir a una sociedad digital— la tecnología acelera el poder adquisitivo y las oportunidades profesionales. Ambos son fundamentales para transformar los ingresos en riqueza. Por el contrario, la falta de accesibilidad de las TIC y el analfabetismo digital disminuyen las opciones de encontrar trabajo o de acceder a un empleo de calidad, lo que repercute negativamente en la economía de la persona con discapacidad y su familia.

Asimismo, la brecha digital incide directamente en la capacidad de esta población para participar en la economía digital restringiendo su acceso a servicios financieros básicos como ahorros, préstamos y seguros, fundamentales para su crecimiento económico y la reducción de sus índices de pobreza, ya que facilita la gestión de sus recursos.

• *Pérdida de oportunidades sociales y aislamiento*

Las TIC desempeñan un papel importante en las interacciones sociales modernas debido al surgimiento de diversas plataformas que mejoran las oportunidades personales, profesionales y comerciales. Así que la brecha digital supone una barrera para establecer conexiones sociales.

Las dificultades para relacionarse digitalmente como el resto de grupos sociales puede provocar que las personas con discapacidad pierdan oportunidades sociales y que se sientan aisladas. La soledad no deseada y el aislamiento social son ya de por sí problemas que afectan de modo intenso a la población con discapacidad y constituyen una forma insidiosa de su exclusión social y predictores de cambios negativos en la salud física y mental de la persona.

Esta situación se hace más patente en aquellas personas que residen en zonas rurales o remotas y las personas con discapacidad mayores atendiendo al cúmulo de factores que para ellos inciden en la brecha digital.

Asimismo, la diferencia digital impacta con fuerza en las personas con discapacidad intelectual y grandes necesidades de apoyo que tienen enormes dificultades para desarrollar una gran parte de las actividades de la vida en la comunidad, de ocio o para entablar relaciones sociales presenciales.

• *Menor participación en la vida pública*

La brecha digital también constituye una barrera para la participación en la vida pública. El disponer de un entorno digital equitativo, confiable y diverso fomenta el debate público plural, estimula el compromiso y la participación democrática. La inequidad digital incide negativamente en la participación de las personas con discapacidad en el espacio púbico digital e impide el ejercicio de su ciudadanía para participar en los espacios que la Constitución y las leyes han dispuesto para la incidencia social, económica y política.

• Desafíos laborales e inhibición del desarrollo profesional

En un mercado de trabajo cada vez más condicionado por la digitalización, con avances en campos tales como la Inteligencia Artificial, la nanotecnología, la impresión 3D, el internet de las cosas y otras tecnologías, se alterarán radicalmente las pautas del mercado de trabajo trayendo muchas oportunidades, pero también desafíos considerables para las personas con discapacidad. Formas disruptivas de trabajar y el mayor riesgo de automatización para ciertos trabajos realizados mayoritariamente por personas con discapacidad puede dejar a gran parte de esta población sin empleo. Una creciente brecha salarial en las profesiones relacionadas con la economía digital afectará a los trabajadores con discapacidad que sufren una preexistente inequidad salarial con respecto a aquellos sin discapacidad. Sesgos algorítmicos y datos resultantes de la infra representación de las personas con discapacidad en el diseño e implementación de las tecnologías digitales, conlleva grandes riesgos de dejarlas fuera del mercado laboral.

Es un hecho constatado que las habilidades tecnológicas son esenciales para acceder a una amplia gama de oportunidades laborales y que solo aquellas personas que consigan tales habilidades podrán encontrar empleo con mayor facilidad, resultar ser más productivos, creativos y alcanzar un mayor grado de protección, seguridad y salud cuando se encuentren conectados.

• Educación

El impacto de la brecha digital en la educación de las personas con discapacidad es significativo dado que es un grupo social que sigue enfrentándose a diversas resistencias a lo largo del proceso de enseñanza tradicional y, por lo tanto, la innovación tecnológica constituye un reto importante de aprendizaje.

La digitalización de la educación permite trayectorias de aprendizaje más flexibles, adaptados y personalizados, así como la innovación pedagógica, por lo que la falta de accesibilidad de los recursos y herramientas digitales puede impedir o retrasar la mejora en los procesos de aprendizaje del estudiantado con discapacidad, perpetuando así la desigualdad que sufre esta población en el ámbito educativo.

La segunda y tercera dimensión de brecha digital preocupan por el bajo desempeño que pueda tener el estudiantado con discapacidad en la optimización de la utilización de las TIC. La calidad pedagógica puede ser una barrera si el profesorado no diseña, desarrolla e implanta estrategias de enseñanza que tengan en cuenta la diversidad del aula y en la pedagogía empleada haya congruencia de los contenidos empleados en las TIC para abordar aspectos específicos de aprendizaje.

• *Vivienda*

La domótica como recurso tecnológico de automatización en los sectores residenciales y empresariales, se posiciona como un medio que ofrece al entorno habitable seguridad, acompañamiento, sostenibilidad, eficacia y calidad de vida. Para las personas con discapacidad aporta grandes ventajas, principalmente, apuntan a conseguir su autonomía. La posibilidad de construir un hogar inteligente cada vez más trae soluciones cotidianas para las personas con diferentes tipos de discapacidad (complementa sus capacidades con automatización de dispositivos como teléfonos, pantallas táctiles o asistentes virtuales), disminuyen riesgos que pueden ser provocados por la manipulación de dispositivos con componentes que puedan suponer peligro, o brindan un entorno de confort y seguridad). Sin embargo, no todas las personas con discapacidad tienen acceso a la tecnología, lo que limita su capacidad para beneficiarse de las funciones de un hogar inteligente.

Aquellos hogares con miembros con discapacidad son un perfil con una elevada probabilidad de caer en exclusión residencial. Las personas con discapacidad presentan peores condiciones residenciales y sus viviendas necesitan reparaciones importantes en mayor medida. Cuatro de cada diez personas vulnerables con discapacidad (39,9 %) residen en viviendas que según ellas requerirían importantes reparaciones (5,3 puntos porcentuales más que el total de vulnerables); esto es, instalación eléctrica de tuberías, reparaciones estructurales de paredes, aislamiento térmico y acústico, impermeabilización, etc. (Provivienda, 2019:42). Muchos de los factores explicativos de este tipo de exclusión están vinculados con las dificultades de hacer frente a los gastos que supone una vivienda.

En este escenario, es innegable pensar en la asociación negativa entre el nivel de inteligencia residencial/hogares inteligentes y la intensidad de la brecha digital. La magnitud del problema del acceso a una vivienda asequible y accesible para las personas con discapacidad demuestra que existen desigualdades en el disfrute de los beneficios de un hogar inteligente.

• *Salud*

Aunque la telemedicina está tenido un impacto significativo en nuestra sociedad, son herramientas que no están al alcance de todas las personas con discapacidad. La falta de accesibilidad tecnológica y las dificultades para interactuar con tales herramientas obstaculizan el acceso a la atención médica, así como a recursos de información y conocimientos en esta materia a través de aplicaciones de salud o de tecnologías.

«La valoración de la accesibilidad del ámbito de sanitario por parte de pacientes que han participado en el estudio refleja que aún queda un

largo recorrido para que los entornos y todo aquello que forma parte de los servicios y procesos sanitarios sean plenamente usables por cualquier persona independientemente de sus capacidades () Las personas con discapacidad encuentran dificultades a la hora de interactuar con las herramientas digitales de una consulta en línea () El uso de aplicaciones, dispositivo tecnológico o sensor para controlar aspectos de la salud es una tendencia en aumento, por el autocuidado y también por la prevención Siendo la valoración de la accesibilidad de estos dispositivos de una puntuación media de 6,40 puntos dentro de una escala de 0 a 10, en la que el 0 significa que te parece "totalmente inaccesible" y el 10 "totalmente accesible"» (Fundación ONCE, 2021:43-46).

• *Plantea interrogantes bioéticos*

Tecnologías punteras como la nanotecnología, la genoterapia, la ingeniería genética y la biología de síntesis, suscitan cuestionamientos éticos importantes en relación con la naturaleza, seguridad e idoneidad de tales tecnologías, así como sus efectos en las personas con discapacidad.

Las dimensiones éticas y sociales que comportan las llamadas biotecnologías para las personas con discapacidad radican en que ofrecen posibilidades de «reparar» todo tipo de discapacidades y mejorar nuestra naturaleza humana intensificando con ello las prácticas eugenésicas. Cuando se permite el uso de tecnologías tan avanzadas para prevenir o reparar la discapacidad, también se está juzgando la calidad de vida y, en definitiva, el valor de las personas con discapacidad.

«Las nuevas tecnologías plantean importantes interrogantes bioéticas que cada vez urge más abordar () Existe la preocupación genuina de que el resultado será no solo un aumento de las prácticas eugenésicas, sino también una disminución general de la aceptación y solidaridad de la sociedad en relación con la diversidad y la diferencia.» (Relatora Especial sobre los derechos de las personas con discapacidad, 2020, párr. 22).

• Impactos negativos de los sesgos

El desarrollo e implantación de los sistemas de Inteligencia Artificial y de los productos y servicios soportados en esta tecnología pueden contribuir a perpetuar prejuicios y creencias erróneas sobre la discapacidad. Las bases de datos sesgadas en los que a menudo se basan los sistemas de IA pueden conducir a la adopción de decisiones discriminatorias contra las personas con discapacidad en los diferentes ámbitos donde se aplica esta tecnología.

> *«En el ámbito de la salud se llega a la conclusión de que las variables que caracterizan a las personas con discapacidad deben estar presentes en estas fuentes de datos y deben quedar reflejadas en los sistemas () En el ámbito de la formación las herramientas utilizadas en la educación remota y las plataformas interactivas deben validarse para que sean aptas también para su aprendizaje, u ofrecer sistemas alternativos con un ajuste óptimo cuando las soluciones tecnológicas basadas en IA no se ajusten bien a ciertos grupos de la población () En el ámbito del empleo, la condición de discapacidad nunca debe ser inferida por un sistema de IA, ya que en tal caso la empresa estaría violando la privacidad del candidato al obtener una información sensible y protegida sin su consentimiento.»* (Real Patronato de la Discapacidad, 2023:134).

• Perpetúa el capacitismo

La influencia de los medios digitales para mantener y posicionar la hegemonía estética está perpetuando el capacitismo. Es manifiesta la influencia de las redes sociales y otros medios digitales tanto en la auto imagen de los usuarios con discapacidad como en la imagen social que se proyecta de ellos. La sociedad sigue primando cánones de belleza que considera convencionalmente como «hermoso» o «atractivo», y en el peor de los casos, como «perfecto», reproduciendo y reforzando así una construcción teórica segregadora y generando cuestionamientos internos en las personas con discapacidad que consumen determinados productos audiovisuales. El desprecio por un cuerpo que no se alinea con los estándares y recomendaciones que se imponen en las plataformas digitales está manteniendo y reforzando narrativas capacitistas.

También en el mundo digital, los cuerpos con discapacidad siguen estando invisibilizados dentro de lo que es la representación de la diversidad. Como son cuerpos que no se ven, se piensa que no existen, o son algo fuera de lo «normal», impulsando así la rueda del capacitismo. A menudo se transmite una imagen de las personas con discapacidad que oscila entre suscitar lástima y tristeza; o mostrarlos como referentes de superación e inspiración.

• *Efectos negativos en la salud mental*

Esta falta de representación tiene un efecto en la autoestima y en la construcción de las identidades, generando consecuencias negativas en la salud mental y emocional de las personas con discapacidad. El temor a estos prejuicios y estigmas, y la tendencia a comparar sus vidas con las representaciones idealizadas que otros publican, puede llevar a las personas con discapacidad a sentimientos de falta de confianza, insuficiencia, disminución de la satisfacción con la vida y autodesprecio. Una dinámica particularmente preocupante en la juventud con discapacidad, grupo que es más susceptible a la influencia de las redes sociales.

> *«Varios son los fenómenos detrás del empeoramiento de la salud mental de adolescentes y jóvenes por el uso de redes sociales y servicios digitales: miedo a perderse algo en las redes (o síndrome FOMO), comportamientos adictivos, obsesión por determinados cánones estéticos o excesivo tiempo de uso de las pantallas, entre otros.»* (Observatorio Nacional de Tecnología y Sociedad, 2024:3).

• *Violencia digital*

La tecnología y los espacios en línea se utilizan cada vez más para perpetrar actos de violencia contra las mujeres, niños y jóvenes con discapacidad, especialmente. La violencia digital se amplifica mediante el uso de la información y las comunicaciones, las tecnologías o los espacios digitales contra una persona por razón de discapacidad. Además, se ve facilitada por el diseño y el uso de las tecnologías existentes, así como el de las nuevas y emergentes.

La violencia digital adopta muchas formas: ciberacoso, acoso sexual en línea, captación en línea para abusos sexuales, discurso de odio, entre muchas otras.

• *Espacios digitales inseguros*

Las personas mayores con pocos conocimientos digitales tienen mayores riesgos de sufrir estafas, fraudes y ataques en línea. Son consideradas víctimas fáciles por su falta de hábito a la hora de saber detectar este tipo de delitos y su tendencia compartir y a confiar en las noticias o las informaciones que les llegan.

La preocupación por la seguridad digital también puede limitar el acceso de las personas con discapacidad a entornos digitales, lo cual determina que sus voces sean silenciadas y se resienta su participación en los medios digitales. La seguridad de los espacios digitales refiere no solo a que esté libre de cualquier tipo de violencia, sino también a que los usuarios con discapacidad sean conscientes de sus derechos y responsabilidad y que existan mecanismos democráticos de participación.

• *Disparidades de género*

La brecha digital contribuye a mantener las disparidades de género y a crear nuevas formas de opresión contra las mujeres y las niñas con discapacidad.

Las normas y sesgos sociales de género refuerzan las barreras al acceso de las mujeres y niñas con discapacidad a las TIC. Las disparidades en el acceso tecnológico de la población femenina se originan en normas sociales más amplias y en sesgos actitudinales sobre el acceso y el uso de la tecnología por parte de las mujeres y niñas.

A esta división digital de género se suma la división digital por motivo de discapacidad que ahonda las diferencias y limita a las niñas y mujeres con discapacidad para sacar provecho de igual forma del acceso y uso de las TIC, así como de las soluciones de aprendizaje digitales o de alta tecnología.

Asimismo, la violencia de género facilitada por la tecnología en forma de ciber hostigamiento, acoso en línea, discursos de odio, difusión no consentida de imágenes privadas, o difusión de imágenes íntimas falsas, por mencionar algunas, recaen con mayor frecuencia e intensidad en las mujeres y niñas con discapacidad, lo que agrava sus desigualdades y plantea una amenaza significativa contra sus derechos y su seguridad dentro y fuera de línea.

• *Exclusión de ciertas discapacidades*

El mal diseño o el diseño poco accesible de las tecnologías, especialmente, aquellas basadas en la Inteligencia Artificial, pueden impactar negativamente en los derechos de personas con algunas discapacidades. Esto es así, porque se está partiendo de patrones genéricos sin tomar en consideración las diferentes tipologías de discapacidad y su expresión concreta en las interacciones funcionales.

Por otra parte, en los entornos digitales suelen estar representadas puntuales tipos de discapacidad, dejando de lado el resto de discapacidades y con ello la imposibilidad de mostrar todo el espectro de experiencias en torno a la discapacidad.

5. Incidencia particular de la brecha digital en los derechos de las mujeres y las niñas con discapacidad, madres y cuidadoras de personas con discapacidad

Intersección de género y discapacidad

Las desigualdades de género están presentes en todas las dimensiones en que las mujeres y las niñas participan en las TIC. Pero la brecha digital de género no es homogénea, sino interseccional y afecta en mayor medida a grupos poblaciones que viven desigualdades como las mujeres y niñas con discapacidad.

La población femenina con discapacidad a menudo son objeto de discriminación puesto que a las desigualdades de género se suman de forma incremental las desigualdades que sufren las personas con discapacidad (hombres y mujeres con discapacidad). Las ideas equivocadas y prejuicios sobre la discapacidad y el género viven con fuerza para las mujeres y niñas con discapacidad que sufren una discriminación estructural y sistemática que se manifiesta a través de patrones ocultos o encubiertos de comportamiento institucional discriminatorio, tradiciones culturales discriminatorias y normas y/o reglas sociales discriminatorias (Álvarez Ramírez, 2023:65).

Los efectos que ambas desigualdades ejercen sobre el bienestar de las mujeres y niñas con discapacidad, es exponencial. Los datos referidos a los rasgos básicos de las personas con discapacidad expuestos en el capítulo anterior dan cuenta de esta situación: La población femenina con discapacidad presenta una aguda desventaja de las condiciones en todos los ámbitos vitales en relación con las personas sin discapacidad, incluso, respecto a la población con discapacidad. Para ellas, la tasa de pobreza y/o exclusión evoluciona peor, presentan niveles de educación muy bajos, precariedad laboral y brecha salarial, dificultades para acceder a una vivienda adecuada o mayores riesgos de sufrir violencia, abusos y desatención.

En el ámbito digital, las mujeres y niñas con discapacidad enfrentan obstáculos para acceder y hacer un uso pleno de las TIC a causa de la escasez de recursos económicos, menor disponibilidad de dispositivos e infraestructura, falta de conocimientos y habilidades en materia de TIC, así como la percepción equivocada sobre la poca importancia que las TIC tienen en sus vidas. Esto conlleva para este grupo poblacional menores oportunidades de acceso y participación plena e igualitaria en esferas vitales donde habitualmente son excluidas, escaso o nulo protagonismo en la creación y el desarrollo de TIC, y exponerlas a distintas formas de violencia y amenazas cibernéticas, en un contexto, como el de la tecnología digital, donde perduran sesgos tanto de género como de discapacidad.

> *«La falta de atención a las cuestiones de género o los aspectos relativos a la discapacidad en las políticas relacionadas con las tecnologías y los sistemas de información y comunicaciones impide que las mujeres con discapacidad vivan de forma independiente y participen plenamente en todas las esferas de la vida en igualdad de condiciones con las demás.»* (Comité sobre los Derechos de las Personas con Discapacidad, 2016: párr. 48)

Si en España son escasos los estudios que analizan pormenorizadamente el acceso a las TIC de las personas con discapacidad, aquellos que incorporan la variable género son una verdadera excepción. Tampoco aquellos estudios generales que analizan la brecha digital de género incluyen la variable discapacidad.

El Informe *Brecha Digital de Género 2023* elaborado por el Observatorio Nacional de Tecnología y Sociedad (ONTSI), sirve para ilustrar cómo a pesar de que en los últimos años se ha avanzado en el objetivo de reducir la brecha digital de género, todavía persisten desigualdades importantes. Estos datos, si bien solo aducen a la variable de género, son relevantes teniendo en cuenta que las inequidades de género están presentes —y de manera acentuada—

en todas las dimensiones en que las mujeres y las niñas con discapacidad participan. Algunos de sus datos son los siguientes:

Uso de Internet
- El 92,8 % de las mujeres españolas de 16 a 74 años usa Internet al menos una vez a la semana, apenas dos décimas por debajo de los hombres. Por encima de los 75 años se observan mayores diferencias ya que hay más hombres usuarios semanales de Internet (44,6 %) que mujeres (39,7 %).

Seguridad
- El 70,3 % de las víctimas de delitos sexuales en Internet son mujeres.
- Ocho de cada diez mujeres creen que situaciones de acoso en Internet están bastante o muy extendidas frente a seis de cada diez hombres.
- El 51,9 % de las mujeres fueron víctimas de delitos contra el honor y el 48,2 % de fraude.

Educación
- El 37,3 % de las mujeres de España tiene habilidades digitales inferiores a las básicas, tres puntos más que los hombres.
- La mayor brecha en estudios universitarios se produce en titulaciones de informática, donde solo el 13,5 % de las graduadas son mujeres.

Trabajo
- Las personas especialistas TIC españolas son mayoritariamente hombres. Tan solo el 17,8 % de la población ocupada con formación STEM[17] en España son mujeres.

---

[17] STEM es el acrónimo en inglés de ciencia, tecnología, ingeniería y matemáticas.

Violencia en línea

La violencia en línea contra las mujeres es parte de un espectro de violencia que impide que puedan gozar de plenos derechos humanos, tanto en línea como fuera de ella.

> «*La violencia en línea contra la mujer es todo acto de violencia por razón de género contra la mujer cometido, con la asistencia, en parte o en su totalidad, del uso de las TIC, o agravado por este, como los teléfonos móviles y los teléfonos inteligentes, Internet, plataformas de medios sociales o correo electrónico, dirigida contra una mujer porque es mujer o que la afecta en forma desproporcionada. Se trata de una violencia que causa daños a la dignidad y la integridad, e impide el empoderamiento, desarrollo y el pleno disfrute de derechos humanos como la dignidad, la libertad de expresión y a la información, la protección de datos personales y el acceso a la justicia.*» (Informe Relatora Especial sobre la violencia contra la mujer, 2018: párr.22)

La violencia en línea facilitada por la tecnología tiene características muy particulares que la diferencian de otras formas de violencia de género: su velocidad, escala e impacto. Estas prácticas pueden cruzar las fronteras rápidamente, lo que dificulta la prevención y detección. Asimismo, tienen un impacto recurrente, ya que se divulga, comparte o amenaza con compartir contenido e imágenes dañinas, por lo que la violencia y el abuso se repiten y las víctimas se ven traumatizadas nuevamente.

Son múltiples las formas de violencia digital contra las mujeres y niñas: Creación, difusión, distribución o intercambio digital de fotografías; vídeos o audio clips de naturaliza sexual o íntima sin consentimiento que puede ocurrir en una gran variedad de contextos y relaciones interpersonales; acceso, uso, control, manipulación, intercambio o publicación no autorizada de información privada y datos personales; actos que dañan la reputación o la credibilidad de una persona; ciberacoso, que consiste en el uso de las TIC para humillar, molestar, atacar, amenazar, alarmar, ofender o insultar a una persona; amenazas directas de daño o violencia, mediante el envío o la publicación de comunicaciones o contenido por medio de tecnologías para expresar la intención de cometer un daño físico o violencia sexual; abuso, explotación y/o trata de mujeres y niñas en el que se usan las tecnologías para el ejercicio de poder a partir de la explotación sexual de su imagen o de su cuerpo contra su voluntad; ataques a grupos, organizaciones o comunidades de mujeres con el fin de censurarlas y dañarlas.

Para las mujeres y niñas con discapacidad, la violencia a través de entornos tecnológicos es un reflejo de la violencia a la que están sometidas en la vida fuera de línea. Esta violencia digital no es un fenómeno aislado, sino que se localiza en un contexto social más amplio de desigualdad y exclusión que vive la población femenina con discapacidad.

El Informe sobre violencia contra las mujeres con discapacidad a partir de la explotación de datos de la macroencuesta de violencia contra la mujer 2019 de la DGVG aporta conocimiento sobre las violencias a las que están expuestas las mujeres con discapacidad; y si bien no recoge concretamente la violencia en el contexto de las tecnologías, de la Macroencuesta se pueden extraer datos referidos a algunas formas de violencia digital que sufre la población femenina con discapacidad, poniendo en evidencia que en muchos casos para esta población las proporciones de violencia son mayores que para las mujeres sin discapacidad:

- *La prevalencia del acoso reiterado en mujeres con discapacidad el 16,9 %, en el caso de mujeres sin discapacidad es del 15,1 %.*
- *Si se atiende a los tipos de acoso, el más prevalente en las mujeres con discapacidad consiste en llamadas telefónicas obscenas, amenazantes, molestas o silenciosas (9,5 %). En las mujeres sin discapacidad*

esta situación de acoso supone el 7 %, habiendo diferencia estadísticamente significativa (p<0,05).

- *El 5,8 % de las mujeres con discapacidad ha recibido insinuaciones inapropiadas, humillantes, intimidatorias, u ofensivas en las redes sociales de Internet como Facebook, Instagram o Twitter.*
- *El 4,1 % ha recibido correos electrónicos, mensajes de WhatsApp, o mensajes de texto sexualmente explícitos inapropiados, que le hayan hecho sentir ofendida, humillada, o intimidada.*

Madres y cuidadoras de personas con discapacidad

El sistema de cuidados y apoyos en España se erige aún sobre injusticias de género. Persisten desigualdades de género en los cuidados informales entre hombres y mujeres, en concreto, en la responsabilidad de cuidar, en el reparto de tareas, así como en la forma de afrontar y entender el rol de cuidados. Este es un sistema que pivota sobre lo que hace la familia, y en ésta, en lo que hacen las mujeres. Es un sistema feminizado donde no existe la responsabilidad colectiva en el cuidado cotidiano.

Según la EDAD 2020, casi la mitad de las personas de seis y más años con discapacidad indicaron recibir cuidados o asistencia personal. Un 24,6 % recibía estos cuidados solamente por personas residentes en su hogar, un 12,1 % por personas no residentes y en un 13,0 % de los casos los cuidados eran prestados por ambos. El 63,7 % de estos cuidadores eran mujeres, siendo los perfiles más frecuentes los de mujer entre 45 y 64 años (41,0 % de los casos) y hombres de ese mismo grupo de edad (20,7 %). El 49,7 % de las personas que recibían cuidados señalaron ser atendidos durante ocho o más horas diarias. Entre las personas de seis a 44 años que recibieron cuidados, la figura de su cuidador principal fue alguno de sus progenitores en un 69,8 % de los casos (10,5 % el padre y 59,3 % la madre). Para el 48,1 % de las personas de 45 a 79 el cuidador principal fue el cónyuge o pareja. Por su parte, para el 59,1 % de las personas de 80 y más años el principal cuidador fueron los hijos (18,0 % un hijo y 41,1 % una hija).

Los datos confirman que dentro del eje familiar las labores de atención y cuidado de la persona con discapacidad recaen mayoritariamente en el sexo femenino, aunque esta situación experimenta un acusado declive tanto en lo que respecta a aceptación social como al crecimiento del número de mujeres que asumen dicho rol. Sin embargo, a pesar de que en España la incorporación de la mujer al mundo del trabajo remunerado se ha producido a un ritmo muy rápido en las últimas décadas y constituye actualmente la norma entre las mujeres jóvenes, el tradicional rol de cuidadora desempeñado y atribuido a la mujer se sigue manteniendo. Tanto el Estado como la sociedad se han mostrado poco sensibles a los efectos de la nueva situación, por lo que las mujeres se ven obligadas a asumir directamente las decisiones encaminadas a hacer posible su doble tarea. (Fundación Derecho y Discapacidad, 2015:40).

El orden de género por el cual las mujeres siguen siendo las principales responsables del trabajo no remunerado y del cuidado en los hogares españoles interactúa con las nuevas formas de organización de la economía digitalizada. La profundidad de la brecha digital que afecta a las mujeres puede aumentar aun cuando la población excluida de la sociedad de la información pueda estar disminuyendo. Esto explica en buena medida la lentitud con que se cierran las brechas de género, especialmente en lo que se refiere al empleo vinculado con las TIC.

Para las madres y cuidadoras de personas con discapacidad, un factor que contribuye a aumentar las desigualdades en materia digital es la sobrecarga de las tareas de cuidado no remunerado del miembro de la familia con discapacidad, que las deja con menos tiempo libre disponible para explorar el ciberespacio y desarrollar nuevas habilidades digitales.

La brecha digital afecta directamente a las personas cuidadoras, pero también afecta de manera indirecta a quienes tienen a su cuidado o brindan apoyos. La brecha digital de los cuidadores genera entornos digitales inseguros que fácilmente pueden vulnerar los derechos de las personas con discapacidad a su cuidado.

6. La brecha digital como barrera a la inclusión de las personas con discapacidad mayores

En los últimos decenios, España ha entrado en un proceso de envejecimiento sostenido de la población. Según los datos publicados por el Instituto Nacional de Estadística, en 2023 se registró un nuevo máximo histórico de envejecimiento del 137,3 % o, lo que es lo mismo, ya se contabilizan 137 personas mayores de 64 años por cada 100 menores de 16.

Este proceso de envejecimiento está asociado a aspectos como la dependencia, el aumento de la morbilidad, la fragilidad y el deterioro funcional; es decir, a la pérdida de autonomía y/o limitaciones de funcionamiento. Así lo constata la EDAD-2020 que señala que la tendencia de aumento de personas con discapacidad en España se debe, primordialmente, al envejecimiento de la población, además de la creciente prevalencia de Enfermedades No Transmisibles y lesiones debidas a accidentes de tráfico. De los 4,5 millones de personas con discapacidad residentes en hogares en España, un 60 % son mayores de 64 años, mientras que la población menor de 35 años supone apenas un 8 %. En términos demográficos, por tanto, los datos confirman que la relación entre discapacidad y edad es incontestable, y que la incidencia de la discapacidad se incrementa intensamente conforme avanza la edad (CERMI, 2023:115).

Los procesos de envejecimiento o el logro de la edad avanzada presentan situaciones singulares o especificidades que también tiene consecuencias en el mundo digitalizado en el que vivimos.

Las nuevas tecnologías son un elemento que contribuye sustancialmente a la mejora de la calidad de vida, la autonomía y la seguridad de las personas con discapacidad mayores. Asimismo, actúan como un instrumento de participación activa que facilita su interacción con las entidades públicas y privadas, así como en las relaciones interpersonales a través del ocio y la cultura. Aunque las formas tradicionales de entretenimiento e interacción social continúan estando muy arraigadas entre las personas mayores en nuestra sociedad, los medios digitales representan una oportunidad para combatir la soledad no deseada, un lastre que afecta de manera significativa a las personas con discapacidad y que se agudiza en las fases de envejecimiento.

Sin embargo, la intersección envejecimiento y discapacidad ocasiona específicas formas de discriminación y violaciones particulares en el contexto de las TIC, tanto a las personas mayores con discapacidad a quienes la discapacidad les hace presencia en edad avanzada, así como a las personas con discapacidad mayores que envejecen con la discapacidad originaria o adquirida.

«*Las personas de edad con discapacidad son discriminadas y desfavorecidas no solo porque tienen una discapacidad, sino también debido a los estereotipos sobre las personas de edad. Si bien algunas de las barreras que experimentan las personas con discapacidad en las primeras etapas de su vida siguen siendo las mismas o pueden verse exacerbadas en la vejez, las personas que adquieren una discapacidad a una edad avanzada es posible que tengan que hacer frente a esas barreras por primera vez y estas se ven agravadas por otras relacionadas con la edad.*» (Relatora Especial sobre los Derechos de las Personas con Discapacidad, 2019, párr.7).

La intersección entre capacitismo y edadismo contribuye a invisibilizar a este grupo poblacional en el consumo de las tecnologías. Se sigue considerando que las personas de edad con discapacidad y las personas con discapacidad mayores son débiles y dependientes y que solo requieren protección y cuidados. Las ideas sobre las bajas expectativas de cuando se envejece con una discapacidad hacen presuponer que no merece la pena apoyar el uso y disfrute de las tecnologías digitales por parte de estas personas.

> «*Las personas de edad con discapacidad a menudo son objeto de discriminación en el disfrute de los servicios y las prestaciones. Por ejemplo, puesto que se considera que son incapaces de incorporar las nuevas tecnologías o adaptarse a ellas o no desean hacerlo, es posible que no se les ofrezca acceso en igualdad de condiciones a las tecnologías de apoyo () Asimismo, tienen menos probabilidad de beneficiarse de iniciativas encaminadas a aprovechar su potencial, como la capacitación.*» (Relatora Especial sobre los Derechos de las Personas con Discapacidad, 2019, párr. 42).

Aunque apenas existe información específica sobre las necesidades digitales y la manera cómo afecta la brecha digital a las personas que están envejeciendo con una discapacidad, los datos generales apuntan a que no hay un buen maridaje entre las personas mayores y la tecnología.

El informe Sociedad Digital en España 2023 revela que uno de los colectivos que más sufre la brecha de habilidades digitales es el de las personas mayores.

> «*Aunque el uso del teléfono móvil está totalmente extendido entre los mayores de 65 años, tan solo tres cuartas partes de estos han utilizado internet en los últimos tres meses, y solamente el 60 % lo utilizan a diario. La proporción de mayores de 65 años que compran online es mínima, apenas un 23 %, frente al 41 % de los que tienen edades comprendidas entre los 55 y los 64 años, y el 55 % de la media poblacional. Las personas mayores hacen un uso muy limitado de Internet, y el principal es la comunicación vía mensajería instantánea, tipo What-*

sApp, algo que realizan un 71 % de los mayores de 65 años, frente al 91 % de la media de edades. Sin embargo, solamente el 45 % utilizan el correo electrónico (el 80 % de la media), solo el 47 % buscan información en la red (el 75 % de la media), el 54 % leen periódicos o revistas digitales (el 77 % de la media), y únicamente el 55 % llevan a cabo actividades de entretenimiento online, como escuchar música o ver películas o series (casi el 86 % en el caso de la media población).» (Fundación Telefónica, 2023:139-140).

Del Informe citado se extrae la idea de que para las personas mayores el fenómeno de la digitalización supone todo un reto, ya que no han sido formados en el lenguaje digital y, por lo tanto, su capacidad de autonomía se ve mermada cuando se enfrentan a la tecnología. A menudo, se ven desbordados por las dificultades que implica para ellos y desisten de su intento de acceder y usarlas, o directamente, ni lo intentan. Se convierten así en un colectivo vulnerable ya que la tecnología representa una barrera para su desarrollo.

Es de suponer que tanto para las personas mayores que por su edad avanzada adquieren una discapacidad, así como las personas con discapacidad mayores que envejecen desde su situación de persona con discapacidad, la vulnerabilidad es más severa ya que en ellas concurren condiciones previas, sociales y económicas, que las coloca en una posición de extrema fragilidad en cuanto a su autonomía, participación social, acceso y ejercicio de derechos.

A la problemática de falta de habilidades digitales, se suma la del acceso a las nuevas tecnologías y la accesibilidad de las propias tecnologías.

La edad de los usuarios de las TIC origina la brecha digital generacional. Las estadísticas del *informe Sociedad Digital en España 2023* muestran que el grupo etario de personas mayores es el más aislado de las tecnologías digitales, lo que da cuenta de una profunda brecha de la era digital. Aunque en España cada vez son más frecuentes los cursos de mejora de las competencias digitales para personas mayores, la oferta es insuficiente para dotar de herramientas y recursos a todas estas generaciones para que se sientan partícipes de este nuevo escenario digital. Una situación que se agrava para las personas que residen en zonas rurales y poco pobladas, donde el acceso a estos cursos es reducido.

La falta de habilidades digitales viene precedida a menudo por la ausencia de accesibilidad y el acceso a las tecnologías. Más allá de los esfuerzos de las personas mayores por incorporarse a la sociedad digital, es necesario que las tecnologías sean accesibles y estén adaptadas a sus capacidades y posibilidades. Asimismo, es indispensable tener en cuenta que no todas las personas mayores con discapacidad tienen equipamiento tecnológico en casa debido al menor nivel de renta de la mayoría de personas con discapacidad en comparación con el resto de la población, al tiempo que afrontan más gastos derivados de su discapacidad. Además, si pueden y deciden adquirir y/o contratar el producto digital, a menos que alguien cercano les asesore, muchas personas se encuentran inermes sin el conocimiento necesario para tomar una decisión.

La vulnerabilidad asociada al desfase generacional, el nivel sociocultural, las barreras de accesibilidad y en el acceso a las TIC, es lo que hace que las personas con discapacidad mayores y los mayores con discapacidad sean un colectivo especialmente protegido en el ámbito del consumo. Para asegurar su protección, esta es una población que se encuentra incluida dentro de los perfiles a los que más protección les presta la Ley 4/2022, de 25 de febrero, de protección de los consumidores y usuarios frente a situaciones de vulnerabilidad social y económica.

«En muchas ocasiones, factores que pueden estar asociados a la edad, como el estado de salud, el desfase generacional o el nivel sociocultural, influyen en la posibilidad de las personas mayores para desenvolverse como personas consumidoras en igualdad de condiciones, principal-

mente en la sociedad de la información actual. Además, las personas mayores enfrentan en ocasiones barreras relacionadas con la forma en que se genera o proporciona la información en las relaciones de consumo, incrementándose el riesgo de que puedan ser inducidas a error, así como barreras relacionadas con prejuicios y estereotipos asociados a la edad.» (Preámbulo Ley 4/2022, de 25 de febrero de protección de los consumidores y usuarios frente a situaciones de vulnerabilidad social y económica).

7. La brecha digital como barrera a la inclusión de la infancia y juventud con discapacidad

En la era digital actual, Internet y las TIC están creando rápidamente nuevos espacios sociales digitales y transformando las modalidades de reunión, comunicación e interacción. Esta evolución es especialmente importante para las nuevas generaciones de niños y niñas, que inician su vida utilizando ampliamente nuevas tecnologías en sus relaciones, lo que afecta a todos los aspectos de sus vidas.

Los consumidores jóvenes constituyen una de las poblaciones de Internet de más rápido crecimiento. Este grupo de consumidores (de 10 a 15 años) pasa más tiempo en línea que los adultos y supera a todos los demás grupos de edad, convirtiéndose en los principales consumidores de contenido en el entorno digital gracias al uso de redes sociales, aplicaciones o plataformas a través de teléfonos inteligentes, ordenadores, tabletas y otros dispositivos conectados a Internet.

En cifras concretas, en España, en los últimos dos años el porcentaje de niños y niñas entre 10 y 15 años que emplean el ordenador ha pasado del 90 al 95 %, mientras que el 98 % usa Internet de forma habitual. Las niñas presentan un mayor uso de ordenador y teléfono móvil, pero no de Internet. Los niños usuarios de ordenador ascienden al 92,9 %, algo por debajo de las niñas que son el 93,2 %. Respecto al teléfono móvil, el 70,7 % de las niñas disponen de él frente al 68,4 % de los niños. Aunque, el uso de Internet es más frecuente en niños (95,4 %) que en niñas (94,5 %) (ONTSI, 2023:14).

No cabe duda del importante cambio que Internet y los dispositivos vinculados a la conectividad tienen en el día a día de niños y jóvenes. Aunque la infancia es un grupo social particularmente sensible a esta revolución tecnológica, la niñez con discapacidad está expuesta a mayores índices de vulnerabilidad y desventaja.

Los beneficios que ofrecen las TIC para el aprendizaje, la participación y la inclusión social están todavía lejos de ser compartidos a plenitud por la niñez y juventud con discapacidad. Las tecnologías pueden constituir un factor de desigualdad y exclusión para la infancia con discapacidad, fundamentalmente, por dos razones.

Primera. No incluir a los niños y niñas con discapacidad en el uso de las TIC y/o limitar su acceso (especialmente a Internet) supone dejarlas fuera de un mundo de oportunidades y estigmatizarla una vez más. La conectividad puede significar la diferencia entre la exclusión social y la igualdad de oportunidades para los niños y niñas que viven con discapacidad (UNICEF, 2017:11). El acceso a las TIC, concretamente a Internet, potencia el pleno cumplimiento de los derechos de la Convención de los Derechos del Niño y, al mismo tiempo, un acceso limitado propicia que se vulneren otros derechos de la Convención. Se debe, por tanto, atender tanto al acceso, como a la correcta utilización de la herramienta y al pleno aprovechamiento de sus oportunidades: los niños tienen derecho a acceder a información y conocimiento, a expresar sus opiniones y a ser escuchados. Internet les ofrece la posibilidad de disfrutar de estos derechos (UNICEF, 2018:57). Para beneficiar verdaderamente a los niños, especialmente a los más vulnerables, el proceso de diseño de los productos digitales debe comenzar por considerar las necesidades específicas de los niños, por ejemplo, utilizando los principios del Diseño Universal como referencia (UNICEF, 2017:14). La Convención Internacional sobre los Derechos de las Personas con Discapacidad refuerza la obligación de promover la accesibilidad y la asequibilidad de estas tecnologías, precisamente para que sean elementos de cohesión y de participación (UNICEF, 2018:38).

Segunda. El no comprender el contexto de las diferentes experiencias digitales de los niños, niñas y jóvenes con discapacidad puede acarrear una insuficiente o indebida protección ante los múltiples riesgos en línea que les hace más susceptibles a la explotación, al abuso o a la trata.

La realidad sobre la mayor vulnerabilidad de los niños y niñas con discapacidad a la violencia en sus diferentes formas y en los distintos contextos era conocida en nuestro país desde 2011, cuando un estudio realizado por el Gobierno de España llegaba a la conclusión de que «los menores que tienen alguna discapacidad sufren mayores tasas de maltrato (23,08 %) frente a los menores que no presentan ninguna (3,87 %). Por tanto, el hecho de presentar una discapacidad es un factor que incrementa muchísimo el riesgo de maltrato» (Ministerio Sanidad, Políticas Sociales e Igualdad, 2011).

La parquedad de datos fiables existentes en esa época sobre magnitud, formas y características de la violencia contra los niños y niñas con discapacidad llevó al Comité de Derechos de las Personas con Discapacidad en las Observaciones Finales de su primer examen a España, publicadas el 19 de octubre de 2011[18], a recomendar al Estado español a que, de manera sistemática, recopilara, analizara y difundiera datos desglosados por sexo, edad y discapacidad sobre los malos tratos y la violencia de que fueran objeto los

---

[18] Naciones Unidas Comité de Derechos sobre las Personas con Discapacidad, Observaciones Finales a España, de 19 de octubre de 2011, tras el examen por parte del Comité sobre los Derechos de las Personas con Discapacidad conforme al art. 35 de la Convención sobre los derechos de las personas con Discapacidad. Parágrafo 23 relativo al artículo siete de la CDPD. Disponible en web: http://tbinternet.ohchr.org/_layouts/treatybodyexternal/Download.aspx?symbolno=CRPD%2fC%2fE SP%2fCO%2f1&Lang=en[

niños y niñas con discapacidad —incluido en el contexto en línea—. Sin embargo, ese estudio detallado para recabar, analizar y difundir datos sobre la violencia contra la niñez con discapacidad sigue siendo una tarea pendiente, y a día de hoy, es imposible conocer la exacta magnitud de tal flagelo.

Según la última información estadística disponible (EDAD 2020, presentada en abril de 2022), en España hay 106.300 personas de entre seis y quince años que presentan alguna discapacidad, 70.300 niños y 36.000 niñas. No obstante, existe un vacío sobre el perfil estadístico relativo a la violencia de la niñez con discapacidad y, concretamente, a la ciberviolencia que sufre esta población.

Tampoco abunda la investigación científica nacional sobre la infancia con discapacidad que permita obtener un conocimiento preciso de cuál es la situación de estos niños y niñas en el contexto digital. Existen algunos estudios generales sobre el ciberacoso[19] o ciberbullying que arrojan algunos datos sobre la mayor incidencia de acoso escolar en población con discapacidad.

> *«Casi la cuarta parte del alumnado con discapacidad en España que ha experimentado ciberbullying, lo ha hecho a través de la recepción de comentarios desagradables. Un 13,5 % de los casos afirma haber sido objeto de la publicación de rumores, y menos de un 10 % del alumnado sostiene haberlo sufrido a través de difusión o envío de información privada, o difusión de fotos y vídeos. En cuanto a las redes en las que se produce el ciberacoso lo hace fundamentalmente a través de alguna/as de las siguientes redes sociales, en esta proporción: WhatsApp*

---

[19] El ciberacoso es una forma de acoso psicológico o sexual que tiene lugar en Internet. Algunos ejemplos de ciberacoso son la publicación o el envío de mensajes, imágenes o videos con el objetivo de acosar, amenazar o atacar a otra persona a través de diversos medios y plataformas de redes sociales. También puede incluir la difusión de rumores, la publicación de información falsa, mensajes hirientes o fotos o comentarios embarazosos, o la exclusión de alguien de las redes en línea o de otras comunicaciones (UNESCO, 2021:15).

(18,8 %), Facebook (10,3 %), Instagram (6,2 %), Twitter (2,6 %), You-Tube (2 %), Snapchat (0,7 %) y otra (10,9 %). La causa principal por la que los/as alumnos/as con discapacidad y sus familiares creen haber sufrido la experiencia de acoso y/o ciberacoso es fundamentalmente por el hecho de: "Ser diferente o tener una discapacidad" (80,3 %), apuntando otros factores secundarios como: "Para molestarme" (51,1 %) y "Por mi aspecto físico" (37,4 %).» (De Pinedo Extremera *et al.,* 2019:72-73).

Además de no tener acceso a Internet ni a dispositivos, muchos menores con discapacidad tampoco tienen algún tipo de conocimiento sobre la seguridad en línea y cómo protegerse en el entorno digital, lo que les hace extremadamente vulnerables.

«La tecnología digital y la interactividad también plantean riesgos importantes para la seguridad, la privacidad y el bienestar de los niños, aumentan las amenazas y los daños que muchos niños ya confrontan fuera de línea y hacen que los niños ya vulnerables lo sean más aún.» (UNICEF, 2017:8).

Los niños, niñas y adolescentes con discapacidad intelectual son quienes presentan una mayor desigualdad a la hora de acceder a un entorno digital y también una mayor vulnerabilidad ante el abuso y el maltrato que pueda producirse a través de los medios digitales.

«Los niños, niñas y jóvenes con discapacidad intelectual, son más propensos a sufrir ciberviolencia que aquellos sin discapacidad.» (UNESCO, 2021:4).

«Las nuevas tecnologías cada vez juegan un papel más importante en la exclusión social a las personas con Trastorno del Espectro Autista (TEA)» (Hernández Rodríguez, 2017).

La Observación número 13 del Comité de los Derechos del Niño sobre el Derecho del niño a no ser objeto de ninguna forma de violencia, recoge en su apartado 31 los distintos modos de violencia de las que pueden ser víctimas todos los niños través de las TIC:

> *«a) Los abusos sexuales cometidos contra niños para producir imágenes y grabaciones sonoras de abusos a niños a través de Internet y otras TIC;*
>
> *b) El hecho de tomar, retocar, permitir que se tomen, distribuir, mostrar, poseer o publicitar fotografías o seudofotografías (morphing) y vídeos indecentes de niños, o en los que se haga burla de un niño o una clase de niños;*
>
> *c) La utilización de las TIC por los niños:*
>
> *i) En condición de receptores de información, los niños pueden estar expuestos a publicidad, correo electrónico no deseado, patrocinios, información personal y contenidos agresivos, violentos, de incitación al odio, tendenciosos, racistas, pornográficos, desagradables y/o engañosos que son o pueden ser perjudiciales;*
>
> *ii) Los niños que mantienen contactos con otros niños a través de TIC pueden ser objeto de intimidación, hostigamiento o acoso (utilización de métodos para atraer a los niños con fines sexuales) y/o coacción, ser engañados o persuadidos a citarse personalmente con extraños o ser "captados" para hacerlos participar en actividades sexuales y/u obtener de ellos información personal;*
>
> *iii) En condición de agentes, los niños pueden intimidar u hostigar a otros, jugar a juegos que afecten negativamente a su desarrollo psicológico, crear y publicar material sexual inapropiado, dar información o consejos equivocados y/o realizar descargas y ataques terrorista.»* (Comité de los Derechos del Niño, 2011: párr.31)

Aunque Internet y las ofertas de ocio digital han estimulado una enorme creatividad y ampliado el acceso de los niños y niñas a una gran cantidad de contenido enriquecedor y entretenido, también se han ampliado las plataformas para la libre expresión de ideas que han agravado la propagación de un discurso de odio y de otros contenidos negativos que pueden moldear la visión que los niños tienen tanto del mundo como de sí mismos (UNICEF, 2017:9).

El *Informe sobre Delitos de Odio en España del año 2022* registró 23 casos por motivo de discapacidad, de los cuales 2 tenían como víctimas a hombres menores de edad. Del total de casos registrados, 6 correspondían a delitos de odio cometidos a través de Internet y redes sociales (Ministerio del Interior, 2022: 27 y 34, respectivamente).

8. El impacto de la brecha digital en los derechos de las personas con discapacidad como consumidoras

El avance de las TIC implica un cambio significativo en la manera en que los consumidores establecen sus relaciones contractuales en el ámbito del comercio y el mercado. Internet, los medios electrónicos y las plataformas digitales, se convirtieron en la herramienta para el intercambio de productos y servicios entre las personas. Sin embargo, la brecha digital supone una barrera que deja al consumidor con discapacidad expuesto a abusos y daños por la asimetría de la relación de consumo, donde es la parte débil. De manera recurrente es el consumidor con discapacidad quien debe afrontar las consecuencias del desequilibrio debido a los factores implicados en la brecha digital expuestos anteriormente, y que afectan directamente a la protección de sus derechos fundamentales y a sus derechos como consumidores digitales.

La normativa vigente de consumo, esto es, el Texto Refundido de la Ley General para la Defensa de Consumidores y Usuarios, aprobado por Real Decreto Legislativo 1/2007, de 16 de noviembre, en su artículo 8 estipula seis derechos básicos de los consumidores y usuarios: 1) La protección contra los riesgos que puedan afectar a su salud o seguridad; 2) La protección de sus legítimos intereses económicos y sociales; en particular frente a las prácticas comerciales desleales y la inclusión de cláusulas abusivas en los contratos; 3) La indemnización de los daños y la reparación de los perjuicios sufridos; 4) La información correcta sobre los diferentes bienes o servicios y la educación y divulgación para facilitar el conocimiento sobre su adecuado uso, consumo o disfrute; 5) La audiencia en consulta, la participación en el procedimiento de elaboración de las disposiciones generales que les afectan directamente y la representación de sus intereses, a través de las asociaciones, agrupaciones, federaciones o confederaciones de consumidores y usuarios legalmente cons- tituidas; 6) La protección de sus derechos mediante procedimientos eficaces, en especial relación con las personas consumidoras vulnerables.

Más allá de los derechos básicos, existen otros derechos de los consumi- dores en el contexto digital. En este sentido, la Carta de Derechos Digitales adoptada en 2021 que, sin carácter normativo, ofrece un marco de referencia para garantizar los derechos de las personas consumidoras a la nueva reali- dad digital. Se trata de un conjunto de principios y derechos para guiar futuros proyectos normativos y el desarrollo de las políticas públicas de manera que se garantice la protección de los derechos individuales y colectivos en los nue- vos escenarios digitales: Derecho a la libertad, derecho a la dignidad, derechos de participación y de conformación de espacio público, derecho a la protección de datos, derecho a la igualdad y No discriminación.

A continuación, se describen los impactos que ocasiona en las personas con discapacidad la inequidad digital para acceder, disfrutar y garantizar de forma equitativa, digna y on igualdad de oportunidades a los derechos reco- gidos en los textos aludidos anteriormente.

- Derecho a la protección y seguridad: Derecho a que los productos y servicios no causen daño en condiciones normales de uso y a la pro- tección contra las consecuencias nocivas para la salud física y mental, la vida o la integridad de los consumidores. En el contexto digital tiene especial relevancia la protección de los menores para que personas progenitoras, tutoras, curadoras, representantes legales o personas que presten apoyo para el ejercicio de la capacidad jurídica, velen porque las personas menores de edad hagan un uso equilibrado de entornos digitales, garanticen el adecuado desarrollo de su personalidad y preserven su dignidad y derechos fundamentales.

Impacto de la Brecha Digital:: Las personas con discapacidad, especialmente, las personas con discapacidad mayores y mayores con discapacidad, las mujeres y la niñez y juventud con discapacidad, están expuestos a sufrir mayores riesgos en el contexto digital que oscilan entre las amenazas a la protección de los datos personales y la privacidad, engaños, estafas, fraudes, el acoso y el ciberacoso, los contenidos en línea perjudiciales, violencia, seducción con fines sexuales y abuso y explotación sexual.

- Derecho a recibir información: Obtener información completa, veraz, transparente, oportuna, verificable, accesible y comprensible, precisa e idónea respecto de los productos que se ofrezcan o se pongan en circulación, así como sobre los riesgos que puedan derivarse de su consumo o utilización.

Impacto de la Brecha Digital: Las deficiencias de accesibilidad y usabilidad de las Webs y aplicaciones constituyen barreras para que las personas con discapacidad puedan ejercer el derecho a recibir información. Una situación que afecta especialmente a las personas con dificultades de comprensión/discapacidad intelectual o del desarrollo poniendo en evidencia que los proveedores de bienes y servicios no tienen en cuenta la heterogeneidad de la comunidad de personas con discapacidad. Asimismo, las personas con discapacidad encuentran dificultades para adquirir las competencias y habilidades necesarias para desempeñarse en la sociedad de la información, entre las que se encuentran las competencias para buscar, analizar, evaluar y seleccionar la información para reconocer su confiabilidad y relevancia.

Etiquetado y presentación de los bienes y servicios

Una de las obligaciones específicas para la protección de la salud y seguridad de los consumidores y usuarios que determina la Ley General para la Defensa de los Consumidores y Usuarios es que los reglamentos reguladores de los diferentes bienes y servicios determinarán, entre otros aspectos, las reglas específicas sobre etiquetado, presentación y publicidad (artículo 14 d)). Aunque la nueva ley 4/2022, de 25 de febrero, de protección de los consumidores y usuarios frente a situaciones de vulnerabilidad social y económica, incluye el etiquetado inclusivo, con especial mención a la obligación del etiquetado braille en los bienes y productos de consumo para reforzar la protección de las personas con discapacidad en su condición de consumidoras vulnerables, hasta la fecha no se ha aprobado el reglamento regulador de dicho etiquetado.

• Derecho a recibir productos de calidad e idóneos: Implica recibir el producto de conformidad con las condiciones que establece la garantía legal, las que se ofrezcan y las habituales del mercado.

Impacto de la Brecha Digital: Los defectos de los productos y servicios no son indiferentes al consumidor y usuario con discapacidad, pues los daños que generan pueden afectar su vida y su integridad física, mental y emocional. Si el consumidor con discapacidad por ausencia de accesibilidad no entiende las características del bien o servicio (sus cualidades, composición, cantidad...) así como los términos y condiciones de la relación contractual, no puede conocer de antemano qué está adquiriendo, a qué se está comprometiendo y cuáles son los términos y condiciones bajo las cuales se va a regir la relación de consumo.

• Derecho a la educación: Los ciudadanos tienen derecho a recibir educación sobre los derechos de los consumidores, formas de hacer efectivos sus derechos y demás materias relacionadas.

Impacto de la Brecha Digital: Los menores niveles de competencias y habilidades tecnológicas (tanto instrumentales como de uso y aprovechamiento) de las personas con discapacidad también se traducen en mayores dificultades para conocer los mecanismos de protección de sus derechos como consumidores y las formas de hacerlos efectivos.

• Derecho de elección: Evaluar la información que le proporciona el proveedor del producto y elegir libremente el que requiera y satisfaga.

Impacto de la Brecha Digital: Los determinantes de la brecha digital también conllevan a que las personas con discapacidad tengan mayor dificultad para comprar, elegir o acceder a productos adecuados. No solo la falta de accesibilidad y las competencias digitales para poder evaluar la información sobre el bien o servicio, sino también, factores como la renta, el empleo o la educación financiera afectan la vulnerabilidad económica de gran parte de los consumidores con discapacidad para que incluso puedan llegar a comparar ofertas de proveedores.

• Derecho a la protección contractual y ante prácticas comerciales: Ser protegido contra cláusulas abusivas y contra prácticas comerciales desleales y publicidad engañosa.

Impacto de la Brecha Digital: La experiencia de vulnerabilidad de las personas con discapacidad provoca una mayor exposición a riesgos de resultados negativos en las relaciones de consumo. Las personas con discapacidad mayores, así como las personas con discapacidad intelectual o del desarrollo, son más susceptibles a abusos, fraudes, estafas y engaños por el uso de malas técnicas de comercialización o determinadas prácticas de mercadotecnia.

• Derecho a la reclamación: Reclamar directamente ante el productor, proveedor o prestador y obtener reparación integral, oportuna y adecuada de todos los daños y perjuicios sufridos, así como tener acceso a las autoridades judiciales o administrativas para el mismo propósito. Impacto de la Brecha Digital: Los consumidores con discapacidad, en su gran mayoría, poseen escasa información sobre sus derechos y desconocen a quién acudir en caso de un conflicto de consumo. La falta de accesibilidad tecnológica determina la imposibilidad o dificultad para emprender acciones de reclamación o protección de los derechos como consumidor. Estos problemas de accesibilidad se extienden a lo largo de todo el proceso o procedimiento en el caso de no llevarse a cabo las adaptaciones y apoyos técnicos y de comunicación para garantizar el acceso a la justicia (autoridad judicial o administrativa) de las personas con discapacidad. Además, la desigualdad en competencias digitales de las personas con discapacidad conlleva a menores habilidades para proteger los propios intereses. Por último, y aunque en el plano formal se reconocen los derechos de las personas con discapacidad como consumidoras y usuarias, el desconocimiento (por parte de los proveedores y autoridades ante quienes se reclama) sobre la experiencia de vivir con discapacidad, así como la falta de conciencia y la persistencia de un imaginario capacitista, coloca a estas personas en una posición de desigualdad para defender sus derechos, reclamar y obtener reparaciones efectivas en el ámbito de consumo.

• Derecho a la participación: Los consumidores tienen el derecho de organizarse y asociarse para proteger sus derechos e intereses, elegir a sus representantes, participar y ser oídos por quienes cumplan funciones públicas en el estudio de las decisiones legales y administrativas que les conciernen, así como a obtener respuesta a sus peticiones.

Impacto de la Brecha Digital: En una sociedad dinámica, altamente tecnológica, centrada en la información, el conocimiento y la comunicación, las personas con discapacidad tienen menos oportunidades de participación por medios digitales en los procesos de adopción de decisiones debido a las deficiencias de accesibilidad y a la limitada visibilidad y voz que se da a estos consumidores.

• Derecho a ser representados: Para la solución de las reclamaciones sobre consumo de bienes y servicios, los consumidores tienen el derecho a que sus intereses sean representados a través de las asociaciones de consumidores y usuarios legalmente constituidas.

Impacto de la Brecha Digital: En el ámbito de consumo es reciente la importancia que se la ha concedido al movimiento de los derechos de las personas con discapacidad, lo que puede explicar la limitada comprensión del enfoque de derechos en el que se fundamenta actualmente la discapacidad, así como la pertinaz relación de este fenómeno con ciertos ideas y creencias. Si bien el asociacionismo en el contexto de consumo expresa conformidad moral con la legitimidad de los derechos de las personas con discapacidad, es necesario materializarla con compromisos y esfuerzos concretos para lograr un verdadero consumo inclusivo.

• Derecho a un trato digno: obligación de los proveedores de asegurar un trato digno y respetuoso hacia los consumidores y usuarios en el entorno digital. Esto significa que los proveedores deben brindar condiciones de atención que respeten la dignidad de las personas, siguiendo los principios establecidos en los tratados de derechos humanos. Además, los proveedores tienen la obligación de evitar comportamientos que coloquen a los consumidores en situaciones humillantes, degradantes o intimidatorias.

Impacto de la Brecha Digital: Cualquier tecnología encuentra su límite intraspasable en la garantía de la dignidad humana y el respeto de los derechos fundamentales. Sin embargo, los riesgos que conllevan materias como la Inteligencia Artificial o las neurotecnologías para las personas con discapacidad con datos, programas o informaciones incompletas o sesgados podría estar poniendo en peligro sus derechos y su irrenunciable dignidad.

• Derecho de igualdad y a la no discriminación: Asegura el derecho de acceso a Internet y el derecho de accesibilidad universal en el entorno digital. Además, promueve el fomento del acceso a todos los colectivos y la promoción de políticas públicas para eliminar brechas de acceso al entorno digital.

Impacto de la Brecha Digital: A la luz de los datos expuestos en este estudio, el derecho de igualdad y no discriminación en el contexto tecnológico no se está cumpliendo para esta población.

• Derecho a la protección de datos: Toda persona tiene derecho a la protección de los datos de carácter personal que le conciernan. Estos datos serán tratados respetando los principios de licitud, lealtad, transparencia, minimización, integridad, confidencialidad y limitación por la finalidad y plazo de conservación, con base en las garantías de su protección desde el diseño y por defecto.

Impacto de la Brecha Digital:Este derecho también incluye los derechos digitales en el empleo de las neurotecnologías, entre otras cuestiones, garantizar el control de cada persona sobre su propia identidad, asegurar la confidencialidad y asegurar que las decisiones y procesos basados en estas tecnologías no sean condicionados por el suministro de datos. La violación del derecho a la protección de los datos de carácter personal de las personas con discapacidad puede dar lugar a situaciones de discriminación.

CAPÍTULO III. PREVENCIÓN E INTERVENCIÓN NECESARIA PARA CE-RRAR LA BRECHA DIGITAL DE LAS PERSONAS CONSUMIDORAS CON DISCAPACIDAD

1. Posición de las organizaciones de defensa de los consumidores y usuarios, con especial referencia a la OCU, ante la brecha digital y sus repercusiones en las personas consumidoras vulnerables.

2. Acción del Movimiento CERMI en materia de consumo: incidencia y defensa.

3. Las alianzas imprescindibles en la lucha contra la brecha digital como barrera a un consumo inclusivo.

4. Recomendaciones y propuestas de acción dirigidas a responsables políticos, organizaciones de consumidores, tercer sector, empresas privadas.

- 1. Comprender la vulnerabilidad
- 2. Enfoque de consumo inclusivo basado en los derechos humanos
- 3. Datos desagregados
- 4. Accesibilidad
- 5. Tecnocapacitismo
- 6. Enfoque de género e interseccionalidad
- 7. Diversidad de la discapacidad
- 8. Alianzas multiactor

1. Posición de las organizaciones de defensa de los consumidores y usuarios, con especial referencia a la OCU, ante la brecha digital y sus repercusiones en las personas consumidoras vulnerables

En el engranaje del sistema de protección de las personas consumidoras y, por imperativo legal, las asociaciones de consumidores y usuarios tienen un papel fundamental en la sociedad, ya que ofrecen información, asesoramiento, formación y educación sobre sus derechos y obligaciones, y trabajan para garantizar que los proveedores de bienes y servicios cumplan con las normas y regulaciones en materia de protección al consumidor.

En una sociedad hipertecnologizada como la actual, las organizaciones de defensa de los consumidores y usuarios se muestran cada vez más preocupados por la protección de los consumidores relegados y excluidos por la digitalización. Como se ha puesto de manifiesto, las personas consumidoras vulnerables, entre las que se cuentan las personas con discapacidad, son las que mayores dificultades de acceso, uso y aprovechamiento tienen debido a la carencia de recursos tecnológicos, redes sociales y familiares, o competencias y habilidades digitales. Los derechos de estos consumidores están siendo vulnerados y las organizaciones están tomando conciencia sobre las barreras tecnológicas que les impiden ejercerlos de manera libre y en igualdad de condiciones.

Para paliar la brecha digital que tanto afecta a determinados grupos sociales, las organizaciones de consumidores y usuarios se están implicando progresivamente mediante un enfoque proactivo, que combina una serie de medidas que apuntan a los consumidores, los proveedores y la sociedad en general.

Así, emprenden labores de formación para asegurar la alfabetización digital de los consumidores y usuarios, de modo que éstos se adapten al uso de las tecnologías y conozcan sus derechos y la forma de ejercerlos.

Las organizaciones también ejercen un rol importante a la hora de informar, divulgar y educar sobre los desafíos que supone la brecha digital para los consumidores vulnerables y la necesidad de eliminar las barreras digitales. Generan conocimiento a través de informes e investigaciones y desarrollan acciones de concienciación social, creación de opinión y alfabetización mediática e informacional mediante foros, jornadas, debates, etcétera.

Además, trabajan para que las empresas/proveedores reciban orientación sobre cómo cumplir la legislación de protección del consumidor (general y específica sobre servicios de la sociedad de la información) y adopten medidas concretas para mejorar su cumplimiento.

Asimismo, ejercen una función de seguimiento y control de anuncios y contenidos ilícitos en todo tipo de medios y soportes. Esta es una labor de vigilancia que tiene una enorme utilidad preventiva.

Las acciones, movilizaciones y campañas para que los consumidores conozcan los riesgos digitales (ciberseguridad, violencia digital, riesgo de la fuerza laboral, privacidad de datos, entre otros) y saber cómo actuar frente a ellos, resultan clave para prevenir cualquier situación que vulnere la integridad de estas personas en los entornos digitales.

En el contexto más amplio del derecho de los consumidores al acceso a la justicia, las asociaciones mejoran el bienestar de los consumidores, fortaleciendo el acceso de éstos a la solución de controversias y a la compensación. Además del apoyo en las reclamaciones/denuncias de tipo individual, las de tipo colectivo están demostrando una influencia, tanto en la mejora de los comportamientos y prácticas comerciales de las empresas, como en una intervención mayor de las administraciones públicas que se reflejan en cambios normativos para proteger a los consumidores en situación de vulnerabilidad y mayores sanciones a las infracciones que se cometan por las empresas.

Dentro de las organizaciones de defensa de los consumidores y usuarios que se han comprometido con la reducción de la brecha digital que sufren los consumidores vulnerables destaca la Organización de Consumidores y Usuarios, OCU.

OCU es la mayor organización de consumidores de España. Desde su nacimiento, en 1975, ha logrado hitos importantes para una sociedad de consumo más madura, mejor informada e inclusiva. Uno de ellos es la incorporación de la definición de consumidor vulnerable en la Ley de Defensa de los Consumidores, como primer paso para aumentar la protección de quienes más lo necesitan.

En los últimos años, ha puesto en marcha varios proyectos con el fin de combatir los efectos de la brecha digital en aquellos colectivos expuestos a una situación de especial vulnerabilidad para defender sus derechos y hacer valer sus intereses.

Uno de estos proyectos, fruto de la alianza con el Comité Español de Representantes de Personas con Discapacidad, CERMI, tiene como finalidad reducir la brecha digital en el ámbito de consumo y asegurar un acceso equitativo a las tecnologías para todas las personas con discapacidad.

Este proyecto pionero que promueve tecnologías más accesibles e inclusivas engloba múltiples acciones:

- Formación avanzada, con seminarios presenciales y digitales, para mejorar la capacitación digital de los ciudadanos con discapacidad.

- Investigación en protección del consumidor. Con este fin, se llevarán a cabo estudios para comprender y abordar los desafíos a los que se enfrentan los consumidores vulnerables ante la brecha digital.

- Campañas de concienciación en las redes sociales y medios digitales, para sensibilizar sobre la importancia de reducir la brecha digital en el ámbito de consumo.

- Incidencia política a través de propuestas normativas y de políticas públicas para garantizar la igualdad de acceso a la tecnología para las personas con discapacidad.

- Acciones específicas para abordar los efectos de la brecha digital en mujeres y niñas con discapacidad.

- Defensa de derechos y lucha contra cualquier forma de discriminación en el uso de tecnologías por parte de las personas con discapacidad, prestando especial atención al enfoque de género, combatiendo la discriminación en el acceso y uso de tecnologías por parte de mujeres y niñas con discapacidad, madres y cuidadoras de personas con discapacidad.

2. Acción del Movimiento CERMI en materia de consumo: incidencia y defensa

El CERMI es el mayor exponente del movimiento social de la discapacidad para la incidencia, la representación y la interlocución políticas. El tejido asociativo español de la discapacidad ha cobrado gran visibilidad y se ha convertido en sujeto activo de la acción política en defensa de los derechos e intereses de las personas con discapacidad tanto colectiva como individualmente.

El profundo nivel de pericia y experiencia del movimiento CERMI ha hecho posible la incorporación de la discapacidad en la agenda política y legislativa del país, así como la exigencia de la responsabilidad pública en cuanto a la satisfacción de las necesidades de la población con discapacidad.

En materia de consumo, el CERMI ha sido precursor en llegar a las instancias política y legislativa para plantear y desplegar la agenda de la discapacidad para que logre visibilidad y atención. A fin de conseguir un consumo más accesible e inclusivo, la acción del movimiento CERMI se enmarca en un enfoque de derechos que obliga la Convención Internacional sobre los Derechos de las Personas con Discapacidad, y se centra en desarrollar una perspectiva de inclusión, sostenibilidad, accesibilidad, empoderamiento de las personas con discapacidad y sus familias, y atención a la interseccionalidad, especialmente, la de género.

La intervención del CERMI ante los poderes públicos ha logrado importantes avances en materia de protección de las personas con discapacidad en su dimensión de consumidoras:

- Con la aprobación de la Ley 4/2022, de 25 de febrero, de Protección de los Consumidores y Usuarios frente a situaciones de Vulnerabilidad Social y Económica, se han conseguido cambios relevantes favorables a las personas con discapacidad:

  o La Ley establece normativamente el concepto de consumidor vulnerable, categoría en la que se incluyen expresamente a las personas con discapacidad, lo que garantiza que se les proporcionen mecanismos suficientes para su protección, seguridad e integridad.

  o Se recoge por primera vez en el ordenamiento jurídico el etiquetado inclusivo, mediante la inserción del etiquetado en alfabeto braille a productos de consumo.

  o Las personas con discapacidad aparecen como destinatarias, junto a las personas mayores, de las nuevas medidas establecidas en favor de la inclusión financiera, para eliminar la discriminación que sufren estos grupos en el acceso a este tipo de servicios, en especial, a los bancarios.

o Refuerza la accesibilidad universal, ya que regula, como uno de los derechos básicos de los consumidores y usuarios, que la información sobre los diferentes bienes o servicios se haga en formatos que garanticen su accesibilidad y, además, exige la «accesibilidad y legibilidad de los contratos».

o La norma ha puesto en valor la incidencia política del CERMI y su influencia en los procesos de toma de decisiones para que se tengan en cuenta y se satisfagan las necesidades y demandas de la población con discapacidad como consumidoras.

- El Real Decreto 193/2023, del 21 de marzo, por el que se regulan las condiciones básicas de accesibilidad y no discriminación de las personas con discapacidad para el acceso y utilización de los bienes y servicios a disposición del público, es otro logro del movimiento CERMI para la consecución de un consumo más accesible e inclusivo.

- Con el objeto de que se implante una real y efectiva política de consumo inclusivo, el CERMI está desplegando una labor de incidencia política para que el Proyecto de Ley por el que se regulan los servicios de atención a la clientela, actualmente en fase de debate parlamentario, se apruebe con el preceptivo enfoque de derechos que incorpora el tratado internacional de derechos humanos de la discapacidad. Las propuestas del CERMI se centran en incluir en el proyecto de Ley:

o El mandato de accesibilidad universal como requisito de obligado cumplimiento para los servicios de atención a la clientela (en lo que se refiere a su diseño, funcionamiento, modo de interacción, información y espacio de denuncias, reclamaciones y quejas).

o El carácter inclusivo de los servicios de atención a la clientela, que debe garantizar a las personas con discapacidad y mayores el derecho a acceder a los servicios de atención a la clientela en igualdad de condiciones que las demás personas. Asimismo, la posibilidad de elección del formato de comunicación con los SAC en función de las necesidades por razón de discapacidad. Esta elección se debe extender también a la necesidad de que las empresas ofrezcan la atención presencial al cliente, así como la atención por parte de una persona humana, en el caso de que la persona consumidora así lo requiera.

o   Obligada formación de las personas encargadas del servicio sobre atención a las personas con discapacidad y la alianza permanente con las organizaciones representativas de personas con discapacidad y sus familias como elemento garante del buen funcionamiento de estos servicios.

Más allá de la participación del movimiento CERMI en la elaboración y aplicación de políticas y normas en el ámbito de consumo, su buen hacer, su dilatada experiencia y absoluta comprensión de las necesidades de las personas con discapacidad como consumidoras, lo convierten en un actor estratégico por derecho propio para la movilización de alianzas y redes que generen repercusiones de gran alcance en el cierre de la brecha digital y avances en los objetivos de un consumo inclusivo y accesible.

3. Las alianzas imprescindibles en la lucha contra la brecha digital como barrera a un consumo inclusivo

En la consolidación de un consumo más inclusivo, uno de los principales desafíos a resolver es la eliminación de la brecha digital. Para ello, es indispensable adoptar un enfoque sólido y audaz de alianzas multiactor que permita generar espacios de conversación, debate e intercambio de ideas y experiencias para identificar estrategias y encontrar maneras de desarrollarlas rápidamente.

Extraída de los discursos globales de desarrollo, las alianzas multiactor remiten a un esquema de cooperación voluntaria de carácter horizontal, que surge entre el sector público, la empresa privada, la sociedad civil y otros actores, con el fin de desarrollar iniciativas que contribuyan al desarrollo sostenible, permitiéndoles compartir responsabilidades, beneficios, riesgos y resultados.

Tejer alianzas estratégicas es un llamado al trabajo unificado que trascienda acciones independientes y aisladas, para cocrear soluciones que permitan reducir la brecha digital y contribuir a la tarea de construir un consumo inclusivo.

Las relaciones de cooperación, con el objeto de acelerar el cierre de la brecha digital como barrera a un consumo inclusivo, reportan varios beneficios:

- El concierto de múltiples actores por medio de recursos, experiencia y capacidades es esencial para transversalizar la discapacidad en las agendas de los diversos actores sociales y públicos en materia de consumo, y permitirá encontrar formas innovadoras y eficientes de abordar otras problemáticas de la población con discapacidad en este ámbito.

- Permite a todos los actores planificar de manera coordinada la dirección de sus acciones con mayor capacidad y libertad de incidencia política, social y económica, trabajando al mismo nivel, a la vez que permite compartir responsabilidad y control en cuanto al cumplimiento de lo que se haya acordado.

- Tienen potencial para crear conciencia y aprendizaje mutuo sobre la discapacidad desde una perspectiva de derechos, dando así un impulso al consumo inclusivo y sostenible.

Actores públicos

El enfoque inclusivo debe impregnar las políticas públicas de consumo, en defensa de la igualdad de todos los ciudadanos en el ejercicio de sus derechos como consumidor y usuario.

Si bien, como ya quedó recogido, se ha hecho un esfuerzo para incluir las reivindicaciones del sector de la discapacidad en la normativa y políticas públicas, tanto de consumo como las referentes a las tecnologías de la información y comunicación, lo cierto es que las contradicciones entre el discurso para proteger, promover y garantizar los derechos de las personas con discapacidad como consumidoras, y la ausencia de recursos adecuados y el flojo liderazgo político para cristalizarlo, mantienen a las personas con discapacidad al margen de la inclusión digital. Es necesario materializar los avances que se recogen en las políticas y normas para conquistar un real y efectivo consumo inclusivo para las mujeres y hombres con discapacidad.

Esta situación amerita que la gobernanza pública aborde decididamente el enfoque inclusivo de esta población y materialice los avances que se recogen en las normas y políticas, con la estrecha colaboración de los diferentes agentes sociales. Es necesario contar con mecanismos de coordinación intersectorial, multinivel y multiactor, incluyendo todos los niveles de gobierno, el sector privado y la sociedad civil, para apuntalar una visión y concepción de la discapacidad enmarcada en el contexto de los derechos humanos y para crear consenso sobre la verdadera interpretación e implementación del enfoque inclusivo en el contexto de consumo.

Actores privados

El sector privado tiene la oportunidad de colaborar en la reducción de la brecha digital en su parcela de actuación y construir relaciones duraderas con los consumidores en situación de vulnerabilidad. Hacerlo requiere un enfoque proactivo e inclusivo en el ámbito digital, que es totalmente compatible con su rentabilidad económica.

Dado el potencial del sector privado para coadyuvar en el desarrollo de un consumo inclusivo y sostenible, las partes que lo componen (como el sector empresarial, los intermediarios financieros, las asociaciones y las organizaciones gremiales y sectoriales) se revelan cada vez más necesarias para terminar con la brecha digital.

La actividad del sector privado puede adoptar muchas formas y repercutir en la inclusión tecnológica al tiempo que resulta clave para su éxito en la era digital por muchos motivos.

- La inclusión digital juega un papel clave en la expansión de la base clientes de una organización y la mejora de la participación del cliente. A medida que más personas obtienen acceso a Internet y a las tecnologías digitales, las entidades privadas pueden llegar a un público más amplio y conectarse con clientes potenciales, a los que no llegaban antes.
- Al participar activamente en plataformas digitales y hacer que su contenido sea accesible para todos, las organizaciones pueden mejorar la visibilidad y el reconocimiento de su marca. Asimismo, si implementan estrategias de marketing inclusivas, pueden demostrar su compromiso con la diversidad, construyendo una imagen de marca positiva y atrayendo una base de clientes más amplia.
- Al priorizar la inclusión digital las entidades privadas pueden impactar significativamente la satisfacción del cliente, ya que al eliminar las barreras que puedan impedirles interactuar con su marca, crean una experiencia de consumo positivo, generando confianza y lealtad.
- Al aceptar la diversidad y buscar activamente aportes de diferentes grupos de consumidores y usuarios, las organizaciones privadas pueden obtener información valiosa que puede impulsar la innovación y la creatividad.

- Cuando las entidades del sector privado promueven activamente la inclusión digital, no solo cumplen con la normativa, sino también, demuestran su compromiso con un consumo inclusivo y sostenible y prácticas comerciales éticas que, al final, redundan en una sociedad más equitativa e inclusiva.

Es por esto que la inclusión digital es un imperativo estratégico para el sector privado. Una forma eficaz de impulsar sus esfuerzos en esta dirección es colaborar con otros agentes centrados en cerrar la brecha digital.

Sociedad civil

La participación en la vida pública de las organizaciones que representan a los consumidores y usuarios en situación de vulnerabilidad resulta fundamental para mejorar la elaboración, aplicación y eficacia de políticas y prácticas destinadas a cerrar la brecha digital.

Cuando la sociedad civil organizada ocupa un lugar en la mesa, se avanza en la protección de aquellos consumidores que afrontan mayores desequilibrios sociodigitales y se realizan aportes cruciales para la construcción de un consumo más inclusivo y sostenible.

La pluralidad de su composición y los beneficios que reporta el diálogo civil han dado lugar a que las organizaciones del ámbito cívico se conviertan en fuente de conocimiento, buenas prácticas y asesoramiento, en un apoyo de los agentes públicos y en un aliado del sector privado.

Las asociaciones de consumidores y usuarios de ámbito nacional o local; aquellas que protegen a grupos específicos de consumidores, como la Asociación de Consumidores Mayores; las entidades sin ánimo de lucro que protegen los derechos e intereses de los consumidores y usuarios digitales de España; las organizaciones especializadas en materias concretas de derechos humanos, como CERMI o Save the Children, o las plataformas que a través de una voz unitaria defienden los intereses y derechos de la ciudadanía, como la Plataforma del Tercer Sector, dan muestra de un tejido asociativo amplio y con enorme valor para progresar en la equidad digital y alcanzar el objetivo un consumo inclusivo.

4. Recomendaciones y propuestas de acción dirigidas a responsables políticos, organizaciones de consumidores, tercer sector, empresas privadas

Las personas con discapacidad son un perfil de personas consumidoras especialmente vulnerables a la exclusión digital, por lo que es imprescindible abordar las desigualdades sociodigitales, entendiendo que se trata de dificultades no solo tecnológicas, sino que también tienen que ver con cuestiones estructurales. Además de abordar las desigualdades, es menester promover y proteger activamente los derechos de las personas con discapacidad como personas consumidoras digitales.

A continuación, recogemos los aspectos clave del estudio y planteamos una serie de propuestas y recomendaciones, que conforman un marco de aspectos prioritarios para avanzar hacia un escenario de consumo inclusivo y sostenible mediante la reducción de las desigualdades sociodigitales entre la población con discapacidad.

1. Comprender la vulnerabilidad

La renovada concepción de la discapacidad que hace la CDPD atribuye un papel protagonista a la persona con discapacidad y reconoce que no existen personas intrínsecamente vulnerables, sino que se encuentran en situaciones vulnerables impuestas. Esta concepción tiene repercusiones prácticas importantes para el marco de protección de los consumidores y usuarios. Por una parte, la legislación, la acción pública y las prácticas comerciales deben enfocarse en la forma en que deben hacer frente a las barreras que en materia de consumo afrontan los grupos en situación de vulnerabilidad, entre los que se encuentra la población con discapacidad. De otra parte, significa integrar la agenda de la protección del consumidor vulnerable en una agenda más amplia de inclusión.

Las personas con discapacidad forman un grupo social que afronta con más asiduidad desequilibrios en cuanto a capacidad económica, acceso a derechos, relaciones sociales y capacitismo. Este marco multidimensional de pobreza y exclusión social es la premisa de partida para entender por qué estas personas son consideradas como personas consumidoras vulnerables. Así que la experiencia de vulnerabilidad en el consumo es una realidad para esta población, pero ello no significa que lo deseen o que deba ser un estado permanente.

Cuando se trata de personas consumidoras con discapacidad deben considerarse dos aspectos fundamentales sobre su vulnerabilidad. Primero: debe tenerse en cuenta que solo porque una persona tenga una discapacidad que la ubica en la categoría de consumidores con una protección reforzada, no significa que sea vulnerable necesariamente en todas las situaciones. Segundo: dentro de este grupo social y debido a la propia diversidad de la discapacidad, algunas personas presentan más vulnerabilidad en determinadas situaciones de consumo, mientras que otras podrían estarlo en menor grado.

Recomendaciones

⊠ A efectos de adoptar medidas para reducir la brecha digital y favorecer un consumo inclusivo, es más importante la identificación de las causas de la vulnerabilidad que la simple determinación de quienes son vulnerables.

⊠ Los organismos concernidos por la protección de los consumidores en situación de vulnerabilidad han de reconocer a las personas con discapacidad como sujetos de derechos y deben hacer hincapié en las capacidades de las mismos para cambiar sus condiciones de vulnerabilidad.

2. Enfoque de consumo inclusivo basado en los derechos humanos

La inclusión digital es un derecho humano emergente del siglo XXI. Por consiguiente, es imperativo materializar los compromisos de respetar, realizar y proteger este derecho a los consumidores en situación de vulnerabilidad.

Al incorporarse un enfoque de consumo inclusivo basado en los derechos humanos, cualquier medida que se adopte en materia de consumo y uso digital, sea del ámbito público o privado, debe estar alineada con los mandatos de la Convención Internacional sobre los Derechos de las Personas con Discapacidad. En consonancia con este enfoque se conmina a proteger los derechos de las personas con discapacidad como consumidoras, mediante el diseño de relaciones de consumo respetuosas con su dignidad, así como a tomar en consideración sus necesidades y demandas concretas a la hora de desenvolverse en entornos digitales para que puedan ejercer sus derechos como personas consumidoras digitales en condiciones de igualdad.

Recomendaciones

⊠ Velar porque las políticas, planes, medidas y estrategias contra la brecha digital estén guiadas por los principios de inclusión, accesibilidad, dignidad e igualdad recogidos en la Convención Internacional sobre los Derechos de las Personas con Discapacidad, y enfocadas en la protección de los derechos y las libertades de la ciudadanía con discapacidad.

⊠ Integrar la perspectiva de discapacidad en todo el sistema I+D+i relacionado con el diseño y producción de nuevos avances tecnológicos, así como en la formación para la creación de tecnologías (como programación y creación de códigos y algoritmos).

⊠ Adoptar la inclusión de la discapacidad en todos los niveles de brecha digital (acceso, uso y aprovechamiento).

⊠ A fin de centrarse en la convergencia de los resultados de cierre de brecha digital, las autoridades nacionales y locales podrían desarrollar valores de referencia vinculantes que contribuyan a unas políticas de consumo y de TIC inclusivas. En este sentido, los marcos financieros (en especial, los Fondos Europeos destinados a la Transformación Digital) deben responder al concepto de presupuestos inclusivos. La accesibilidad universal debe constar como una condición previa para la concesión y para el desarrollo y aplicación de estos recursos.

⊠ La financiación inclusiva es un aspecto crucial para impulsar la innovación inclusiva de las TIC y asegurar su sostenibilidad a largo plazo. Esto implica el acceso equitativo a recursos financieros para emprendedores y proyectos innovadores, especialmente aquellos liderados por personas con discapacidad y, especialmente, por mujeres con discapacidad.

⊠ Desarrollar medidas para reorientar la trayectoria profesional de las personas con discapacidad que vean sus puestos de trabajo afectados por la digitalización.

⊠ Promover la cogobernanza del movimiento social de la discapacidad en la definición de normas, medidas, estrategias, planes y acciones para combatir la brecha digital y generar un consumo inclusivo.

⊠ Revisar las prácticas comerciales, incluida la forma en que se interactúa con los consumidores con discapacidad, y verificar si los bienes y servicios satisfacen las necesidades de esta población en condiciones de igualdad y dignidad. En este sentido, pueden adoptarse las siguientes medidas:

o Facilitar a las personas consumidoras con discapacidad la comprensión y comparación de productos y servicios.
o Proporcionar información clara y fácil para reducir los desequilibrios de poder e información.
o Evitar el uso de contratos demasiado complejos que crean o empeoran los desequilibrios de poder.
o Desarrollar plataformas y herramientas de uso sencillo e intuitivo

3. Datos desagregados

Si bien la brecha digital que afrontan las personas con discapacidad es cada vez más reconocida, con frecuencia son un grupo social que no se identifica en los procesos de recopilación de datos que abordan las desigualdades digitales.

La ausencia de datos desglosados por discapacidad constituye un reto para cuantificar y evaluar los déficits en materia de consumo tecnológico que experimenta esta población, así como planificar y aplicar medidas inclusivas para ellas.

Recomendaciones

⊠ Incluir indicadores sobre inclusión digital desagregados por discapacidad en los marcos de monitoreo y evaluación de políticas públicas que se adopten para el cierre de la brecha digital.

⊠ Impulsar investigaciones estadísticas y sociales que permitan identificar la situación y las necesidades de la población con discapacidad en materia de consumo digital, desde una perspectiva diferencial por grupos prioritarios y desde el enfoque de interseccionalidad.

4. Accesibilidad

Es imprescindible garantizar el cumplimiento de la accesibilidad como condición ineludible para que las personas con cualquier discapacidad puedan beneficiarse de los productos y servicios tecnológicos, en igualdad de condiciones con el resto de población y disfruten plenamente de sus derechos y libertades fundamentales en el entorno digital.

Todos los elementos deben considerarse cuando hablamos de accesibilidad de las TIC: cualquier dispositivo (ordenador, tableta, teléfono móvil, entre otros), accesibilidad al hardware, accesibilidad a sistemas operativos, software y aplicaciones, accesibilidad web, accesibilidad a documentos electrónicos, accesibilidad a canales y medios audiovisuales.

Recomendaciones

⊠ Para garantizar un diseño tecnológico universal que favorezca la inclusión de todas las personas con discapacidad, es recomendable elaborar criterios, herramientas y metodologías innovadoras para el diagnóstico de la accesibilidad de los bienes y servicios que se ofrecen.

⊠ La investigación participativa es una estrategia para promover la inclusión digital. Este enfoque involucra a las personas con discapacidad en todas las etapas del proceso de diseño e innovación tecnológico, desde la identificación de las necesidades hasta la evaluación de las soluciones propuestas para mejorar la experiencia de la población con discapacidad. Al incorporar las voces y experiencias de los propios usuarios con discapacidad en el diseño de productos y servicios, se pueden crear soluciones relevantes y efectivas para esta población.

⊠ Fomentar la elaboración de guías y estándares de accesibilidad digital para facilitar el acceso a servicios como la atención médica, servicios gubernamentales, educación y empleo, entre otros.

⊠ Crear conciencia sobre la importancia de la accesibilidad y el impacto y beneficio que tiene en la calidad de vida de toda la población, no solamente de las personas con discapacidad.

⊠ Establecer programas específicos para promover la accesibilidad, que se traduzcan en la asignación de recursos económicos y humanos para su implementación. Además, es necesario instaurar mecanismos de seguimiento y evaluación para garantizar su efectividad, y permitir fortalecer los marcos normativos incorporando estándares internacionales y mejores prácticas en la materia.

⊠ Hacer efectivas las medidas recogidas en el II Plan Nacional de Accesibilidad Universal. España País Accesible 2023.

5. Tecnocapacitismo

El capacitismo es una estructura mental de exclusión de las personas con discapacidad, que considera la discapacidad como una condición devaluada y cataloga a las personas con discapacidad como inferiores.

En el campo de las tecnologías de la información y comunicación, actúa como una gran barrera actitudinal de discriminación y estigma impidiendo que las personas con discapacidad logren un acceso equitativo y participen plenamente en la Sociedad de la Información.

El hecho de que las tecnologías más avanzadas, como la Inteligencia Artificial, se diseñan predominantemente para satisfacer las necesidades de los consumidores (que en el imaginario social son considerados estándar) sugiere que existen indicios de prejuicios contra aquellas personas con habilidades físicas, mentales, neuronales, cognitivas o conductuales que no son normativas o típicas, sino diferentes, de alguna manera. Así, el capacitismo opera como estructura de poder que, a través de diseños excluyentes y nuevas formas de expectativas de capacidad digital y normas de datos, etiqueta y margina a las personas con discapacidad.

Recomendaciones

⊠ Fortalecer el marco normativo de garantía de no discriminación de las personas con discapacidad por los algoritmos de Inteligencia Artificial con base en los mandatos de la Convención sobre los Derechos de las Personas con Discapacidad y las Observaciones de su Comité encargado de aplicar y supervisar el tratado internacional.

⊠ Elaborar protocolos de detección y eliminación de sesgos de discapacidad, así como de códigos de conducta en el diseño y creación de tecnologías.

⊠ Promover procesos de auditoría de algoritmos, con el objeto de examinar los efectos tecnológicos y sociales de los algoritmos de IA en las personas con discapacidad.

⊠ Generar conocimiento sobre el capacitismo basado en la Inteligencia Artificial y otras tecnologías avanzadas.

6. Enfoque de género e interseccionalidad

La intersección entre diferentes factores de discriminación requiere ser abordada en el ámbito del consumo digital. Por ello, es imprescindible que, en el diseño y articulación de normas, políticas y todo tipo de medidas que se adopten en este contexto, se incorpore una mirada interseccional.

Dada la aguda desventaja que en el acceso, uso y aprovechamiento de las tecnologías de la información y comunicación presentan las mujeres y niñas con discapacidad, las personas con discapacidad mayores y los mayores con discapacidad, la niñez y juventud con discapacidad, así como las personas con discapacidad que residen en zonas rurales, las respuestas que se ofrezcan para el cierre de la brecha digital, en especial, desde la política pública, deben contemplar ineludiblemente a estos grupos poblacionales.

Enfoque de género

Como en los demás ámbitos de la vida, el consumo es otro contexto que reproduce la desigualdad de género. A pesar del potencial transformador de la tecnología, la intersección entre género y discapacidad incrementa la exclusión digital para la población femenina con discapacidad y para las mujeres cuidadoras de personas con discapacidad. La desigualdad de género, la violencia machista, la dificultad para el acceso a la educación y al mercado laboral o la sobrecarga de trabajo de cuidados aumentan la probabilidad de cronificación de la inequidad en el acceso, uso y aprovechamiento de las TIC, y agudizan las distintas formas de violencia y amenazas cibernéticas, en un contexto como el de la tecnología digital, donde perduran sesgos tanto de género como de discapacidad.

Personas con discapacidad mayores

La intersección entre capacitismo y edadismo contribuye a invisibilizar a este grupo poblacional en el consumo de las tecnologías. Se sigue considerando que las personas de edad con discapacidad y las personas con discapacidad mayores son débiles y dependientes y que solo requieren protección y cuidados. Las ideas sobre las bajas expectativas que existen cuando se envejece con una discapacidad hacen presuponer que no merece la pena apoyar el uso y disfrute de las tecnologías digitales por parte de estas personas.

Los consumidores mayores con discapacidad se han visto obligados a adaptarse a una digitalización inminente y creciente, sin contar con una transición digital que les ofrezca las herramientas para desenvolverse en un medio que a menudo les resulta hostil y poco respetuoso con su autonomía e independencia. Gran parte de esta población no utiliza habitualmente servicios digitales o se sienten insegura a la hora de realizar transacciones en línea, teniendo ello repercusiones negativas muy significativas en su vida personal, en sus relaciones sociales, su situación económica, sus derechos fundamentales y en la protección de sus datos personales y otras cuestiones de ciberseguridad.

Niñez y juventud con discapacidad

Aunque la infancia es un grupo social particularmente sensible a la revolución tecnológica, la niñez y juventud con discapacidad están expuestas a mayores índices de vulnerabilidad y desventaja.

Limitar su acceso a las tecnologías (especialmente a Internet) supone dejarlas fuera de un mundo de oportunidades y estigmatizarla una vez más. Además, si no se llega a comprender el contexto de las diferentes experiencias digitales de la niños y niñas con discapacidad, puede acarrear una insuficiente o indebida protección ante los múltiples riesgos en línea que les hace más susceptibles a la explotación, al abuso o a la trata.

Personas con discapacidad residentes en zonas rurales

La brecha digital afecta más a la población con discapacidad de las zonas rurales que a la de núcleos urbanos. La brecha entre los conocimientos de las tecnologías de la información y comunicación de hombres y mujeres con discapacidad es mayor en las áreas rurales, debido a la falta de infraestructuras de calidad, de acceso y a la invisibilidad asociada a sesgos negativos de las personas con discapacidad que perdura en el medio rural. La población femenina de edad tiene menos oportunidades de formarse y aprender nuevas habilidades y competencias, lo que ahonda en sus niveles de pobreza e infrarrepresentación en la sociedad.

Recomendaciones

Se precisa de un enfoque interseccional y de género en las iniciativas que acometan el cierre de la brecha digital. Las diferentes políticas y acciones deben adaptarse a las necesidades y demandas de las personas con discapacidad, para lo cual es imprescindible aplicar la perspectiva de interseccionalidad y de género transversalizada en todos los casos.

Género

- ⊠ Desarrollar e impulsar protocolos de detección y eliminación de sesgos de género y de discapacidad en el diseño y creación de tecnologías.
- ⊠ Impulsar la creación de contenidos que promuevan la igualdad de género.
- ⊠ Concienciar contra toda forma de violencia digital contra las mujeres y niñas con discapacidad.
- ⊠ Fomentar la presencia de mujeres con discapacidad en el mercado laboral digital y de innovación.
- ⊠ Considerar las TIC (teletrabajo) como un medio para promover la conciliación de la vida familiar y la vida profesional, y promover y reforzar

los sistemas en favor de una distribución equitativa de las responsabilidades en materia de prestación de cuidados.

⊠ Proveer financiación adecuada para programas destinados a atraer a más mujeres con discapacidad a estudios en el campo de las CTIM y la IA.

⊠ Garantizar la integración de la perspectiva de género en la educación digital en todos los niveles.

Personas con discapacidad mayores

⊠ Desarrollar programas de formación e información abierta y adaptada para que las personas con discapacidad mayores adquieran las capacidades y competencias para acceder, usar, entender y aprovechar las potencialidades del mundo tecnológico según sus necesidades y deseos.

⊠ Promover la creación de programas de asesoramiento y acompañamiento y de redes de apoyo en las que las personas con discapacidad mayores puedan compartir aprendizajes, resolver dudas, formarse y participar en el entorno tecnológico.

⊠ Crear y difundir servicios sencillos y de calidad, adecuados a las preferencias y las necesidades de la población mayor. En este sentido, es importante asegurar la provisión de servicios analógicos o presenciales a fin de evitar los impactos negativos de las digitalizaciones forzadas y garantizar los derechos básicos a servicios esenciales (salud, banca...).

⊠ Concienciar contra los estereotipos sobre la vejez que generan desconfianza, falta de autonomía y autoestima, y que perjudican la relación de las personas con discapacidad mayores con la tecnología.

Niñez con discapacidad

☒ Reforzar la educación digital temprana mediante planes de estudios de educación digital totalmente accesibles y actualizados.

☒ Fomentar el aprendizaje permanente o el reciclaje y la mejora de las capacidades digitales.

☒ Desarrollar herramientas y programas accesibles para educar y empoderar a la niñez y juventud con discapacidad, así como a sus familias, sus cuidadores o personas que le brindan apoyo, y a sus educadores sobre los riesgos, posibles daños y oportunidades que ofrece el entorno en línea, alentándolos a tomar medidas para protegerlos.

☒ Formar, informar y concienciar sobre la seguridad infantil en el mundo en línea (ciberacoso y otras formas de violencia digital, discursos de odio y contenido violento, trata, amenazas de explotación y abuso sexual en línea, desinformación, recopilación de datos con fines marketing violando la privacidad del menor).

☒ Cualquier normativa, política o acción que tenga como finalidad la prevención, detección precoz y protección integral de los menores en el entorno digital, debe ineludiblemente recoger un enfoque inclusivo e interseccional que permita ofrecer respuestas concretas a la protección, el bienestar y los derechos de la infancia con discapacidad.

☒ Las opiniones y las experiencias de la infancia y juventud con discapacidad deben tenerse en cuenta tanto a la hora de redactar las políticas que rijan las actividades digitales de estos grupos, como al diseñar las plataformas tecnológicas en sí mismas.

Personas con discapacidad residentes en zonas rurales

☒ Garantizar la accesibilidad y conectividad total y de calidad en todo el territorio rural, de manera que la población con discapacidad pueda tener acceso a las oportunidades digitales de forma accesible y a precios razonables.

⊠ Mejorar la oferta de servicios accesibles de transporte público en el medio rural para permitir el acceso de la población con discapacidad que allí reside a formaciones en competencias digitales.

⊠ Atendiendo a la singularidad de las zonas rurales y sus déficits (como la falta de conexión del territorio) es conveniente poner en marcha iniciativas móviles de capacitación y conexión digital accesibles que lleguen a lugares apartados y ofrezcan a las personas con discapacidad una experiencia y oportunidad que, de otra manera, no tendrían.

⊠ Promover campañas de concienciación en el medio rural sobre las oportunidades y riesgos digitales, a fin de que la población con discapacidad esté informada y pueda hacer una mejor valoración de sus necesidades en materia de brecha digital y un mejor ejercicio de sus derechos, incluidos los digitales.

⊠ Debido a que las mujeres con discapacidad en las zonas rurales enfrentan dificultades extraordinarias para la inclusión digital derivadas de una mayor invisibilidad y estereotipos de género, la brecha digital debe estar integrada dentro del conjunto de políticas de eliminación de desigualdades de género.

7. Diversidad de la discapacidad

La población con discapacidad es heterogénea: está conformada por personas con distintos tipos de discapacidad, que tienen características y necesidades específicas como consumidoras de productos y servicios tecnológicos. Los sobrecostes que la atención de la situación de discapacidad supone para las personas y sus familias tiene consecuencias particulares para ciertos grupos que tienen mayores necesidades de recursos y apoyos para lograr la inclusión en la Sociedad de la Información y Comunicación. La accesibilidad tecnológica y a la comunicación que requiere ciertas discapacidades no es considerada y ello conlleva a que parte de la población con discapacidad quede excluida.

Recomendaciones

⊠ Se requiere hacer un mapa de necesidades que en términos de accesibilidad universal en el ámbito de las tecnologías de la información y comunicación presentan las personas con discapacidad.

⊠ Utilizar tecnología de apoyo que garantice la accesibilidad digital (cualquier producto digital: creación de productos digitales, páginas Web, aplicaciones, etc. que cualquier usuario con discapacidad —cognitiva, neurológica, auditiva, visual, física, trastornos del habla, por mencionar algunas— pueda usar).

8. Alianzas multiactor

Fomentar y articular alianzas estratégicas entre los diferentes actores públicos, privados y de la sociedad civil es indispensable para maximizar sinergias, complementar recursos, experiencias y capacidades, enriquecer aprendizajes e incrementar el impacto de las intervenciones para el cierre efectivo de la brecha digital y construir un consumo inclusivo y sostenible sin dejar a nadie atrás.

Entre las propuestas concretas para alcanzar este objetivo mediante el trabajo colaborativo de los diferentes actores están:

⊠ Desarrollo de tecnología inclusiva: desarrollar estrategias, productos y metodologías conjuntas para facilitar el acceso, uso y aprovechamiento de las TIC de forma accesible y no discriminatoria.

⊠ Capacitación y formación: para avanzar en el aprendizaje digital a través de cursos y seminarios.

⊠ Investigación en materia de protección al consumidor: a fin de entender y abordar los retos a los que tiene que hacer frente los consumidores en situación de vulnerabilidad ante la brecha digital.

⊠ Información, divulgación y concienciación: para hacer tangibles en hechos y acciones esta investigación es necesario crear y consolidar espacios y foros de reflexión entre los diversos actores a través de jornadas, conversatorios, simposios, etc. También pueden establecerse líneas de intercambio de información y puesta en común de experiencias y buenas prácticas.

⊠ Defensa de derechos: con el propósito de reivindicar y defender los derechos de las personas con discapacidad en el acceso y uso de las tecnologías. En este sentido, es esencial que las asociaciones de consumidores y usuarios (con el apoyo de entidades del sector de la discapacidad) emprendan más reclamaciones/denuncias colectivas a fin de superar las barreras a las que se enfrentan las personas con discapacidad en las acciones individuales: incertidumbre sobre sus derechos o sobre qué mecanismos procesales están disponibles, la reticencia psicológica a emprender acciones o el saldo negativo de los costes previstos en relación con los beneficios de la acción individual. Este tipo de actuaciones tienen un efecto disuasorio y contribuyen a relaciones de consumo más justas, ya que crean unas condiciones equitativas para los consumidores que operan en el mercado tecnológico y digitalizado.

⊠ Enfoque interseccional y de género: para implementar no solo una perspectiva de inclusión de la discapacidad, sino también un enfoque interseccional. Por un parte, se reconoce que las personas con discapacidad son consumidoras en situación de vulnerabilidad con características específicas y, por otra, que existe la intersección de variables que incrementan vulnerabilidad de las personas. Principalmente, es necesario desplegar acciones específicas para abordar los efectos de la brecha digital en las mujeres y niñas con discapacidad, así como en las madres y mujeres cuidadoras de personas con discapacidad.

⊠ Incidencia política: para potenciar la influencia y maximizar el impacto de las acciones de incidencia política de las organizaciones sobre la inclusión digital de las personas con discapacidad. La formación de coaliciones con otras organizaciones del ámbito cívico o actores del sector privado puede ser una estrategia poderosa para abordar de manera conjunta temas específicos de interés común sobre la brecha digital y lograr una mayor visibilidad y peso en el escenario político.

BIBLIOGRAFÍA

Álvarez Ramírez, G. (2023). *El capacitismo, estructura mental de exclusión de las personas con discapacidad.* Colección CERMI núm. 85. Ediciones Cinca.

Asociación Provivienda (2019). *Cuando la casa nos enferma II. Impactos en el bienestar social y emocional.* Provivienda. Disponible en: https://provivienda.org/wp-content/uploads/informe-cuando-la-casa-nos-enferma-ii.pdf

Closingap (2020). *Coste de oportunidad de la brecha de género digital.* Disponible en: https://closingap.com/wp-content/uploads/2023/12/informe-digital-compressed-1.pdf

Comité Español de Representantes de Personas con Discapacidad, CERMI (2023). *Informe del CERMI sobre los contenidos en materia de discapacidad y accesibilidad que incorpora la Ley 12/2023, de 24 de mayo, por el derecho a la vivienda.* Disponible en: https://view.officeapps.live.com/op/view.aspx?src=https://back.cermi.es/catalog/novelty/file/dbpe1-informe-cermi-sobre-ley-de-vivienda—def.docx/wdoring=browselinkdbpe1-informe-cermi-sobre-ley-de-vivienda-def.docx (live.com)

_____ (2023). *Las personas mayores con discapacidad en España.* Ediciones Cinca. Disponible en: https://back.cermi.es/catalog/document/file/yjtod-las-personas-mayores-con-discapacidad-en-espana-inclusion-35-accesible.pdf

_____ (2022). *Informe sobre la situación de los derechos humanos y las personas con discapacidad en España correspondiente al año 2023.* Disponible en: https://back.cermi.es/catalog/document/file/72mwb-derechos-humanos-y-discapacidad.-informe-espana-2022—-accesible.pdf

_____ (2020) *Inteligencia Artificial y personas con discapacidad desde una visión exigente de derechos humanos.* Disponible en: https://semanal.cermi.es/noticia/inteligencia-artificial-personas-discapacidad-vision-exigente-derechos-humanos.aspx

Comité para la Eliminación de la Discriminación contra la Mujer, CEDAW (2017). *Recomendación General número 35 sobre la violencia por razón de género contra la mujer del Comité para la Eliminación de la Discriminación contra la Mujer.* CEDAW/C/GC/35.

De Pinedo Extremera et al. (2019). *El acoso y el ciberacoso escolar en el alumnado con discapacidad.* Fundación ONCE y CERMI.

European Commission, 'Understanding consumer vulnerability in the EU's key markets' (February 2016). ISBN 978-92-9200-703-4 Disponible en: https://commission.europa.eu/publications/understanding-consumer-vulnerability-eus-key-markets_en

Fundació Ferrer I Guardia (2022). La Brecha Digital en España. Conocimiento clave para la promoción de la inclusión digital. Disponible en: https://www.ferrerguardia.org/blog/publicaciones-3/encusta-brecha-digital-en-espana-2022-73

_____ (2017). *Encuesta Brecha Digital en España 2022.* Disponible en: httsp://www.ferrerguardia.org/blog/publicaciones-3/encuesta-brecha-digital-en-espana-2022-73

Fundación Adecco (2023). *Tecnología y discapacidad.* Fundación Adecco y Keysight Technologies. Disponible en: https://fundacionadecco.org/wp-content/uploads/2019/07/informe-tecnologi %CC %81a-y-discapacidad-2019-1.pdf

_____ (2019). *Tecnología y discapacidad.* Fundación Adecco y Keysight Technologies. Disponible en: https://fundacionadecco.org/wp-content/uploads/2019/07/informe-tecnologi %CC %81a-y-discapacidad-2019-1.pdf

Fundación CERMI Mujeres (2022). *Informe sobre violencia contra las mujeres con discapacidad a partir de la explotación de los datos de la macroencuesta de violencia contra la mujer 2019 de la DGVG.* Ediciones Cinca. Disponible en: https://fundacioncermimujeres.es/wp-content/uploads/2023/07/informe-sobre-violencia-contra-las-mujeres-con-discapacidad-generosidad-16_pdf

_____ (2021). *XXV webinario 'No Estás Sola' ¿Es el teletrabajo una opción para mujeres con discapacidad y cuidadoras de familiares...?* Grabación accesible: https://cermi.es/noticia/grabación-accesible-del-xxv-webinario-no-estas-sola-es-el-teletrabajo-una-opcion-para-mujeres-con-discapacidad-y-c uidadoras-de-familiares

Fundación Derecho y Discapacidad (2015). *Estudio sobre las necesidades de las familias de personas con discapacidad.* Ministerio de Sanidad, Servicios Sociales e Igualdad. Disponible en: https://www.sid-inico.usal.es/idocs/f8/fdo27170/necesidades_familiares.pdf

Fundación ONCE, ILUNION (2021). *Accesibilidad e Innovación Social en la atención sanitaria. Las TIC como facilitador para un uso eficiente de la Sanidad II.* Disponible en: https://www.biblioteca.fundacionce.es/publicaciones/colecciones-propias/coleccion-accesibilidad/accesibilidad-e-innovacion -social-en-la-0

Gobierno de España (2021). *Plan Nacional de Competencias Digitales.* Disponible en: https://portal.mineco.gob.es/recursosnoticia/mineco/prensa/noticias/2021/210127_np_digital.pdf

Hernández Rodríguez, J. M. (2017). *Acoso escolar y Trastorno del Espectro del Autismo (TEA) Guía de actuación para profesorado.* Confederación Autismo España.

Instituto Nacional de Estadística, INE (2023). *Encuesta de Discapacidad, Autonomía Personal y Situaciones de Dependencia. Población residente en centros (EDAD centros) Año 2023.* Disponible en: https://ine.es/dyings/Prensa/es/EDAD2023.htm

_____ (2020). *Encuesta de Discapacidad, Autonomía Personal y Situaciones de Dependencia (EDAD) Principales resultados. Año 2020.* Disponible en: https://www.ine.es/prensa/edad_2020_.pdf

Jiménez Lara, A. y Huete García, A. (2011). *Estudio sobre el agravio comparativo económico que origina la discapacidad.* Ministerio de Sanidad, Política Social e Igualdad. Universidad Carlos III de Madrid. Disponible en: https://www.eesc.europa.eu/sites/default/files/resources/docs/estudio-agraviocomparativo-es.pdf

Martínez, M. y Esteve, C. (2022). Accesibilidad digital y discapacidad: estudio desde una perspectiva centrada en las personas. *Revista Española de Discapacidad*, 10(2), 111-133.

Disponible en: https://riunet.upv.es/bitstream/handle/10251/200118/martine-
    zesteve-accesibilidad-digital-y-discapacidad-estudio-desde-una-perspec-
    tiva-centrada-en-la-persona-pdf

____ (2021). *Brecha digital y discapacidad: una visión desde las entidades.*
    Sendemà.

Ministerio del Interior (2022). *Informe sobre la evaluación de los Delito de Odio
    en España.* Disponible en:
    https://www.interior.gob.es/opencms/export/sites/default/.galleries/galeria-
    d e - p r e n s a / d o c u m e n t o s - y - m u l t i m e d i a / b a l a n c e s - e -
    informes/2022/informe_evolucion_delitos_odio_2022.pdf

Naciones Unidas (2024). *Informe de la Relatora Especial sobre los Derechos
    de las Personas con Discapacidad, sobre los Derechos de las Personas
    con Discapacidad.* A/HRC/55/56.

____ (2022). *Informe de la Relatora Especial sobre los Derechos de las Per-
    sonas con Discapacidad, sobre los Derechos de las Personas con Disca-
    pacidad sobre la Inteligencia Artificial y los Derechos de las Personas con
    Discapacidad.* A/HRC/49/52.

____ (2020). *Informe de la Relatora Especial sobre los Derechos de las Per-
    sonas con Discapacidad, sobre los efectos del capacitismo en la práctica
    médica y científica.* A/HRC/43/41.

____ (2019). *Informe de la Relatora Especial sobre los derechos de las per-
    sonas con discapacidad sobre la intersección entre envejecimiento y dis-
    capacidad.* A/74/186.

____ (2018). *Informe de la Relatora Especial sobre la violencia contra la mujer.
    Informe de las causas y consecuencias acerca de la violencia en línea con-
    tra las mujeres y las niñas desde la perspectiva de los derechos humanos.*
    A/HRC/38/47.

____ (2006). Convención de las Naciones Unidas sobre los Derechos de las
    Personas con Discapacidad. A/RES/61/106.

Observatorio Estatal de la Discapacidad (2023). *Informe Equidad y Derecho
    a la Salud y a la Asistencia Sanitaria de las Personas con Discapacidad.
    Situación España 2023.* OED y Real Patronato de la Discapacidad. Dispo-
    nible en: https://www.observatoriodeladiscapacidad.info/equidad-y-dere-
    cho-a-la-salud-y-a-la-asistencia-sanitaria-de-las-personas-con-discapacida
    d-situacion-espana-2023/

____ (2023). *Informe Las Personas con Discapacidad en el IMV y otras Rentas Mínimas de Inclusión.* Disponible en: https://www.observatoriodeladiscapacidad.info/las-personas-con-discapacidad-en -el-imv-y-otras-rentas-minimas-de-inclusion/

____ (2022). *Informe Olivenza sobre la situación de la discapacidad en España. OED.* Disponible en: https://www.observatoriodeladiscapacidad.info/informe-olivenza-2020-2021-sobre-la-situacion-de-la-discapacidad-em-espana/

____ (2017). *Las personas con discapacidad residentes en el Medio Rural: situación y propuestas de acción. OED.* Disponible en: https://www.oservatoriodeladiscapacidad.info/wp-content/uploads/2017/12/discapacidad-medi o-rural-oed.pdf

____ (2017). *Informe Olivenza. Capítulo Tecnologías de la Información y la Comunicación (TIC)»* elaborado en colaboración con la Fundación Vodafone España. Disponible en: https://www.observatoriodeladiscapacidad.info/informe-olivenza-2017-2/

Observatorio Nacional de Tecnología y Sociedad, ONTSI (2023). *Impacto del aumento del uso de Internet y las redes sociales en la salud mental de jóvenes y adolescentes.* Disponible en: https://www.ontsi.es/sites/ontsi/files/2023-10/policybriefredesocialesalud-mentaljovenesyadolescenes.pdf

____ (2023). *Informe Brecha Digital de Género 2023.* Disponible en: https://www.ontsi.es/es/pubicaciones/brecha-digital-de-genero-2023.

____ (2022). *El uso de la tecnología por los menores en España,* Ministerio de Asuntos Económicos y Transformación Digital. Disponible en: https://www.ontsi.es/sites/ontsi/files/2022-02/usotecnologiamenoresespa %c3 %b1a2022.pdf

____ (2020). Informe anual del Sector TIC, los medios y los servicios audiovisuales en España 2020. Madrid: Secretaria General Técnica, Centro de Publicaciones. DOI: http://doi.org/10.30923/SecTICCont2020

Organization for Economic Cooperation and Development OECD. (2001). *Understanding the digital divide.* Paris, Francia. Disponible en: https://www.oecd.org/sti/1888451.pdf

Organización Mundial de la Salud, OMS *(2022). Informe mundial sobre la equidad sanitaria para las personas con discapacidad.* Disponible en: https://www.who.int/publications/i/item/9789240063600

Observatorio sobre Discapacidad y Mercado de Trabajo en España, ODISMET (2023). *Visibilidad de una realidad oculta a través del dato: mujer, discapacidad y violencia.* Fundación ONCE. Disponible en: https://odismet.es/informes

____ (2021). *Informe número 8. Informe General. Principales resultados.* Fundación ONCE. Disponible en:
https://www.odismet.es/sites/default/files/2023-05/informe8.v2_0.pdf

Plena Inclusión (2017). *Todos Somos Todos Derechos y calidad de vida de las personas con discapacidad intelectual y mayores con necesidades de apoyo.* Real Patronato de la Discapacidad. Disponible en:
https://www.plenainclusion.org/wp-content/uploads/2021/03/estudiotodo-somostodosdef.pdf

Real Patronato sobre Discapacidad (2023). *Impacto de la Inteligencia Artificial en los Derechos de las Personas con Discapacidad.* Disponible en: https://www.siis.net/documentos/ficha/586018.pdf

Red Europea de Lucha contra la Pobreza y la Exclusión Social (EAPN-ES) (2023) «13 Informe El Estado de la Pobreza en España. Seguimiento de los indicadores de la Agenda UE 2030. 2015-2022».

Rojo Gallego-Burín, M. (2021). Los fundamentos históricos del derecho de consumo. En Revista *Ius et Praxis,* Año 27, N.º 1, 2021, pp. 37 - 56 ISSN 0717 – 2877.

UNESCO (2021). *El aporte de la inteligencia artificial y las TIC avanzadas a las sociedades del conocimiento: una perspectiva de derechos, apertura, acceso y múltiples actores.* Disponible en:
https://unesdoc.unesco.org/ark:/48223/pf0000375796

____ (2021). *Violencia y acoso en entornos educativos. La experiencia de niños, niñas y jóvenes con discapacidad.* Disponible en:
https://unesdoc.unesco.org/ark:/48223/pf0000378061_spa

UNICEF (2017). *Estado mundial de la infancia 2017. Niños en un mundo digital.* Disponible en: https://unicef.org/SOW2017

UNICEF ESPAÑA (2018). *Los niños y niñas de la brecha digital en España.* Disponible en: https://www.unicef.es/sites/unicef.es/files/comunicacion/estudio_infancia_y_tics_web.pdf

Van Dijk, J. (2017). «Digital divide: Impact of access». En P. Rössler, C. A. Hoffner y L. van Zoonen (eds.), *The International Encyclopedia of Media Effects* (pp. 1-11), Chichester, UK: John Wiley y Sons. DOI: https://doi.org/10.1002/9781118783764.wbieme0043